플러즈 에프

+F 전략

+F 전략: 불확실성의 시대에 꼭 필요한 최고의 리스크 관리 전략

초판 1쇄 발행 2018년 8월 30일

지은이   **김수욱, 정성욱**
발행인   안유석
편집장   이상모
편 집   전유진
표지디자인   박무선
펴낸곳   처음북스, 처음북스는 (주)처음네트웍스의 임프린트입니다.

출판등록 2011년 1월 12일 제 2011-000009호
전화 070-7018-8812 팩스 02-6280-3032
이메일 cheombooks@cheom.net

홈페이지 cheombooks.net 페이스북 /cheombooks
트위터 @cheombooks
ISBN   979-11-7022-160-9 03220

확실성의 시대에 꼭 필요한 최고의 리스크 관리 전략

수욱·정성욱 지음

플러스 에프

+F
전략

| 공급망관리 + 핀테크 |

+F 전략이란 전통적인 공급망관리 전략에 금융을 접목한 최첨단 기업 전략이다.
이 전략을 사용하면 더 이상 리스크는 통제 불가능한 것이 아니다.

처음북스

3부 +F 전략의 완성

머리말

기업 운영이란 '위기를 헤쳐나가는 것'이
란 말이 있다. 성공하기도 힘들지만 설령 성공했다 하더라도 거기에
안주하면 경쟁에 뒤쳐질 수밖에 없다. 국내외를 막론하고 지금 성공
적으로 보이는 기업도 과거에는 존폐의 위기를 겪었다. 성공하는 기
업은 위기를 극복해냈기에 현재 우리 눈 앞에 있는 것이다. 그래서 우
리는 성공 자체보다 위기 극복을 주목하려 한다.

지금까지 성공한 기업이 성공한 기업으로서 남아 있는 까닭에는
수많은 요인이 있지만 적절한 기업운영전략을 채택해 운영을 탄탄히
했다는 점도 주요 요인 중 하나일 것이다. 기업운영전략은 기업 살림
을 운영하는 핵심 가이드라인이며 위기 극복을 위한 주춧돌과 같다.

오늘날에는 과거에는 상상도 할 수 없던 다양한 기업 위기가 발생

한다. IT 기술의 발전은 파트너와의 시간적·물리적 거리를 좁혀 무척이나 복잡한 가치사슬을 탄생시켰다. 공급망이라고도 불리는 이 가치사슬에서 점점 직관으로 판단하기 힘든 문제가 연이어 발생하고 있다. 해결 방안을 늦게 결정하거나 잘못하면 기업 운영에 커다란 위기가 닥친다. 오늘날 기업에 필요한 기업운영전략은 무척이나 방대해진, 또한 복잡해진 공급망을 효과적으로 관리해, 위기를 극복하는 꼭 필요한 기업의 기초체력을 강화하는 것이다.

이같은 기업의 위기 상황을 치열하게 고민하고, 경쟁력을 향상시킬 방안을 찾고 있는 사람들에게 +F 전략이라는 새로운 기업운영전략 솔루션을 소개하고자 한다. +F 전략은 기업의 가치생성 프로세스를 효율적으로 관리하는 공급망 관리에 금융이라는 요소를 추가해 확장한 신개념 운영전략이다.

기존에는 기업을 원활하고 예측가능하게 운영하고자 재화의 이동에만 초점을 맞춰왔다. 그래서 공급망관리라는 전략은 그럭저럭 맞아들어갔다. 그런데 국제적인 이슈가 생기고 금융 공학이 복잡해지면서 단지 물리적인 재화만 관리해서는 감당할 수 없는 문제가 발생하기 시작했다. 사업을 잘 영위하다가도 단기적인 금융 상태 악화 때문에 위기를 맞기도 한다. 그래서 여기서 +F 전략을 소개한다.

+F는 물리적인 재화의 이동에만 초점을 맞춘 기존 가치사슬을 확장해, 돈의 흐름(Flow)을 관리하고 금융(Finance) 기능을 강화하고, 더불어 자금 조달(Fund)까지 해결하는 새로운 형태의 공급망 전략이다. +F 전략은 금융까지 관리하기 때문에 금융공급망이라는 용어를

사용한다. 금융공급망을 최적화하려면 공급망에서 발생하는 이슈를 관리해야 한다. 이 관리까지 +F 전략이다. 이 책은 실제 기업이 접할 만한 이슈를 함께 고민하고 +F 전략으로 이를 해결해 나가는 청사진을 그릴 것이다.

필자는 기존에 전문성을 가지고 있던 전통적 공급망 관리 내용을 바탕으로 유럽과 북미에서 한창 주목받는 공급사슬 파이낸싱 사례, 급변하는 경영 환경 탓에 예상치 못하게 발생한 위기 발생 및 극복 사례, 글로벌 기업의 운전자본·현금 관리 사례를 검토해 +F 전략의 밑그림을 완성시켰다. 이 책은 지금까지 어떤 경영학 연구에서도 논의하지 않은 +F 전략을 이해하고 적용하는 프레임워크를 제공할 것이다.

+F 전략이 가져올 이익은 무엇일까?

✦ 재무제표에서는 수익을 내지만, 현금 유동성이 부족해 도산하는 기업의 실적을 개선시킬 것이다.

✦ 다양한 국가에 퍼져 있는 공급망을 효과적으로 관리하지 못해 효율성이 저해된 기업을 개선시킬 것이다.

✦ 환율 리스크, 규제 리스크 등 새롭게 대두된 리스크로 어려움을 겪는 기업들에게 힘을 줄 것이다.

✦ 무엇보다 '돈'을 중시하는 기업 문화를 정착시켜 기업이 망하지 않고 오랜 시간 사업을 계속할 수 있도록 도와줄 것이다.

최근 급격히 변화하고 있는 경영 환경 속에서 많은 기업이 위기에 직면해 있다. 이같은 위기를 극복하고 새로운 기회를 창출하는 데 +F 전략이 조금이나마 도움이 되기를 열망해 본다.

플러스 에프

+F

1부
+F 전략의 탄생

1장 화이트 리스크란 무엇인가?

『'화이트 라이로 상대방 마음부터 열어라』
라는 책을 흥미롭게 읽었다. 이 책은 인간 관계를 성공적으로 구축
하려면 듣기 좋고 해 없는 백색 거짓말을 적극적으로 활용해야 한다
고 주장한다. 누구나 한번쯤은 백색 거짓말을 시도해본 경험이 있지
않을까? 보다 많은 사람에게 행복감을 전달하고자 선의로 하는 거짓
말을 백색 거짓말이라고 한다. 물론 모든 백색 거짓말이 좋은 결과를
내는 것은 아니다. 선의로 한 거짓말이지만 의도가 잘못 전달된다면
오히려 기대와는 다른 효과를 빚어낼 수도 있다. 기업 경영에도 이와
비슷한 것이 있다. 이를 나는 화이트 리스크(white risk)라고 부른다.

최근 경영 환경은 과거와 비교할 수 없을 만큼 달라졌다. 많은 기
업이 한국 경제의 지속적인 성장과 시장 글로벌화에 힘입어 빠르게

외형을 성장시켜 왔다. 급변하는 기업 환경은 새로운 기회처럼 보였다. 확장된 시장은 새로운 기회의 땅, 뉴 엘도라도처럼 보이고, 해외 시장에 앞다투어 진출하는 기업의 모습은 19세기 미국 캘리포니아로 향하는 골드 러시[2]를 떠올리게 한다. 하지만 환경 변화는 기회와 더불어 과거에는 보지 못한 새로운 유형의 위기, 새로운 리스크를 야기했다. 과거에는 전혀 보지 못한 새로운 유형의 리스크여서 어찌 대응할지 막막하기만 하다. 어떤 리스크는 파급 효과가 미미하지만, 어떤 리스크는 기업 운영에 치명적인 영향을 미칠 정도로 파급 효과가 어마어마하다. 새로운 기회도 좋지만, 새롭게 대두된 리스크에 대한 두려움이 점점 커져갔다. 많은 기업이 새로운 기회를 잡고 싶어 하는 동시에 혹시나 닥칠지 모르는 위기를 현명하게 회피하는 데 우선 순위를 두고 있다.

결국 위기와 기회는 밀접하게 연관돼 있다. 위기를 극복한 기업만이 새로운 기회가 창출하는 달콤한 과실을 즐길 수 있다. 리스크를 극복하면 더욱 큰 기회를 잡을 수 있다는 의미에서, 이런 리스크를 화이트 리스크라 부른다. 다만 화이트 라이와는 다르게 리스크에는 어떤 선의나 악의가 없다. 환경과 상황에 따라 리스크가 다가오는 것이고, 제대로 극복해 기업의 발전을 꾀했다면 그것이 화이트 리스크가 되는 것이다. 즉, 기업의 역량과 전략으로 리스크를 화이트 리스크로 바꿀 수 있다. 리스크를 화이트 리스크로 바꾼 결실은 '해외 시장

1: 화이트 라이로 상대방 마음부터 열어라, 이정숙, 서울문화사
2: 위키피디아 '캘리포니아 골드 러시', 1848년 미국 캘리포니아에서 황금이 발견됐다는 소식으로 인해 미국의 각지 및 해외에서 무려 30만명의 인구가 캘리포니아로 유입된 현상을 지칭한다.

으로의 확장과 역량 강화를 통한 기업 번영'일 것이다. 그리고 그렇게 하는 방법론이 지금부터 제시하는 +F 전략이다.

여기 가상의 기업 '화사'를 살펴보자[3]. 화사는 1980년에 설립된 국내 중견 소비재 기업이다. 주력 사업 분야는 세탁용품, 구강용품, 피부 및 모발용품, 화장품 네 가지다. 화사 그룹은 최근 한국 화장품의 폭발적인 성장세에 힘입어 빠른 속도로 성장해 왔다. 특히, 중국 및 동남아 화장품 시장에서 한국 브랜드에 대한 인지도가 상승하면서 최근 3년간 연평균 20%가 넘는 매출 성장을 기록했다. 현재 화사 그룹은 하이엔드(high-end) 소비자를 타겟으로 한 고급 브랜드를 론칭하

화이트 리스크가 될 수 있을까?

려 하고 있다. 고급 브랜드는 우선적으로 중국 및 동남아 국가 등 해외 시장 소비자를 목표로 하고 있기 때문에, 시장 조사 및 제품 개발에 많은 시간이 소요되리라 예상된다. 이 외에도 화사 그룹은 화장품 산업에서의 성공을 바탕으로 세탁용품, 구강용품, 피부 및 모발 용품 등 기타 사업 분야에서도 해외 시장으로 확장하려 한다. 피부 및 모발 용품, 구강용품 분야에서 성공적인 브랜드 이미지를 국내에서 구축했기 때문에 해외 시장에서 어렵지 않게 성공하리라 낙관했다.

하지만 이같은 화사 그룹의 공격적 사업 확장은 과거에는 생각지 못한 새로운 리스크를 야기했다. 먼저 현지 하이엔드 소비자(high-end customer) 및 제품 현지화(localization)를 연구하는 데 생각보다 많은 시간과 비용이 소요돼 자금 유동성이 악화되고 있다. 화사 그룹은 중국 시장에 정착하고자 1년전부터 현지 공장을 건설 중인데, 공장 건설과 운영에 관련된 다양한 규제 탓에 어려움을 겪고 있다. 현지인 관리자를 채용해 규제 변화에 적극적으로 대처하고 있지만 해외 기업이라는 한계에 봉착하고 말았다. 뿐만 아니라 현지인 작업자들의 잦은 작업 실수도 점차 문제가 되고 있다.

화사 그룹의 또다른 걱정거리는 급격한 환율 변화다. 화사 그룹은 원재료 및 부품 배송비를 줄이려고 현지 납품업체와의 신규 계약을 체결했다. 납품비는 현지 공급업체에 중국 위안화로 지급된다. 또한, 현지에서 발생한 매출은 위안화로 결제돼 한국 원화로 환전된다. 최근 굵직한 경제 이슈가 연이어 터지면서 환율의 급등/급락이 잦아 기

3: 화사 그룹은 100% 가상의 기업이다. 실제 소비재 기업들의 사례를 참조하긴 했지만 기술된 사업분야, 매출규모, 사업 진출 계획 등은 100% 허구다.

업 매출액에 대한 불확실성이 증가하고 있다.

화사 그룹은 유동성 위기를 겪으면서 신용도가 하락했다. 대표적인 국내 신용평가사인 NICE평가정보에서는 최근 화사 그룹의 신용도를 한 단계 하락시켰다. 신용도 하락 때문에 화사 그룹은 추가적인 투자를 유치하거나 파이낸싱 서비스를 받는 데 어려움을 겪고 있다. 기존 투자자는 더 이상의 투자에 부정적이며, 은행들은 대출 이자율을 올렸다. 만약 화사 그룹이 적절한 시기에 자금을 조달하지 못한다면 치열해지는 중국 시장 경쟁에서 뒤쳐질 우려가 있다. 추가적인 자금 조달에 제한을 받으면 기업의 유동성 사정은 더욱 악화될 것이다. 화사 그룹에 총체적인 위기가 닥쳐오고 있다.

화사 그룹이 겪고 있는 문제는 과연 화이트 리스크일까? 화이트 라이에서는 선의만 있다면 얼마든지 화이트란 단어를 사용할 수 있었다. 하지만 화이트 리스크는 오로지 리스크를 극복했을 때만 화이트라는 단어를 사용할 수 있다. 즉, 화이트 리스크는 화이트 라이와는 다르게 결과 편향적인 용어다. 화사 그룹은 그들이 겪고 있는 리스크가 화이트 리스크인지 아닌지 여부를 판단할 방법이 아직 없다. 한 가지 확실한 것은 지금 기업이 겪고 있는 문제를 효과적으로 해결한다면 중국 및 동남아 시장에서 크게 성공할 가능성이 더욱 높아진다는 점이다. 그렇다면 남은 문제는 어떻게 이러한 리스크를 현명하게 극복해 화이트 리스크로 전환시킬 것인가이다.

화사 그룹은 위기 상황을 슬기롭게 극복하고 해외 시장에서 성장할 수 있을까? 화사 그룹의 CEO인 김최고는 필사적으로 기업이 위기 상황에 놓이게 된 원인을 분석하고 베스트 솔루션을 찾고 있다. 김최고 대표를 비롯한 기업의 경영진들은 그들이 마주한 위기 상황의 원인이 무리한 해외 시장 확장에 있다고 판단하지 않았다. 오히려 해외 시장 진출은 화사 그룹이 회생할 수 있는 유일한 출구라고 판단했다. 그들은 지금 그룹에 닥친 리스크가 화이트 리스크가 될 수 있다는 것을 직감적으로 깨닫고 있다. 경영진은 해외 판매 및 해외 공장을 건설해 글로벌 공급망을 구축하려는 시도는 긍정적으로 보았지만, 이에 대해 체계적인 관리가 부재한 것이 위기의 시작이라고 판단했다. 그룹이 다양한 리스크를 체계적으로 분석할 시스템을 갖추지 못했음을 깨달았다. 공격적 경영에 따라올 유동성 문제를 해결할 아무런 준비가 없었다. 기업 내부의 현금 및 운전자본 흐름을 체계적으로 관리할 시스템도 없었고, 추가 펀딩이나 파이낸싱을 유치할 방안도

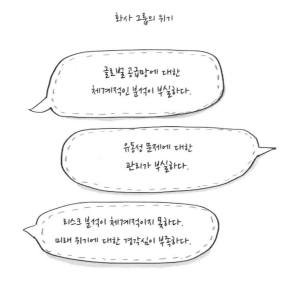

화사 그룹의 위기

글로벌 공급망에 대한
체계적인 분석이 부실하다.

유동성 문제에 대한
관리가 부실하다.

리스크 분석이 체계적이지 못하다.
미래 위기에 대한 경각심이 부족하다.

마련되어 있지 않았다는 것을 성찰하는 목소리가 높아졌다.

화사 그룹이 위기 상황을 '운이 나빠서'라거나, 국제적인 환경이 그렇게 돌아가니 '어쩔 수 없어서'라고 생각하지 않고, 부족한 점을 깨달았다는 것은 긍정적인 일이다.

이 책에서는 화사 그룹이 그들에게 닥친 리스크를 화이트 리스크로 전환시키고 해피 엔딩으로 끝내기 위한 실용적 솔루션을 논의한다. 필자는 화사 그룹이 겪고 있는 문제가 기업 환경 변화 때문에 촉진됐다고 믿고 새로운 환경에 대처하는 신 경영전략이 필요하다고 판단했다. 이제부터 화사 그룹의 흥망성쇠를 좌우할 새로운 솔루션을 차근차근 살펴보도록 하자.

2장 기업 운영 전략

체계적인 미래 전략이 기업의 영속에 얼마나 영향을 미칠까? 보통 전략이란 기업이 장기적인 수익을 내고자 발전 및 개발 목표를 설정하고 실행 계획을 수립하는 것을 의미한다. 기업이 운영할 수 있는 인적·물적·시간 자원은 제한적이기 때문에 제한된 자원을 효율적으로 사용하는 전략 수립의 중요성은 아무리 강조해도 부족함이 없다.

전략에는 여러 종류가 있다. 실행 기간 및 기대 효과의 지속성 등에 따라 단기·중기·장기 전략으로 구분하기도 하고, 적용되는 범위에 따라 전사적인 기업 전략인지, 특정 혹은 일부 몇몇 부서에만 적용되는 기업 전략인지 구분하기도 한다. 전략 자체의 특성에 기인해, 기업을 둘러싼 환경을 변화시키기 위한 전략인지, 아니면 기업 자체를 변화시키기 위한 전략인지, 혹은 기업의 특정 영역을 변화시키기 위한 전략인지로 분류해볼 수도 있다. 기업의 조직 구조를 좀더 효율적으로 변화시키기 위한 전략(조직 및 인사관리 전략)도 있을 것이고, 기업의 미래 먹거리를 개발하기 위한 전략(신상품 개발 전략)이나 기업의 브랜드 가치를 향상시키기 위한 전략(마케팅 전략)도 있다.

김최고 대표도 화사 그룹을 운영하면서 여러 가지 전략을 짜고, 사용해봤으나 정작 운영 전략이 없다는 것을 깨달았다. 운영은 그저 효율적으로 잘하면 된다고 생각해 그간 신상품 개발 전략 등에 더 치중한 것이 사실이다. 김최고 대표는 현재의 위기가 운영 전략의 부재에서 오는 것이란 판단으로 운영 전략을 좀 더 고민해보기로 했다.

다양한 기업 전략 중에서 기업 운영(operations)을 좀더 효율적으로 개선하는 목적의 전략이 있다. 특히 제조 기업들은 공장에서의 생산 효율성 제고, 리드타임[4] 단축, 품질 향상을 통한 고객 만족도 향상, 물류 동선 최적화, 재고 관리를 통한 재고비용 최소화, 공급자 및 구매자의 효율적 관리를 위한 운영 전략에 큰 관심이 있다. 서비스 기업이라면 서비스 제공 프로세스 최적화, 고객 대기 시간 감소, 탄력적인 서비스 제공 시간 운영을 통한 수요관리 등의 운영 전략에 관심이 있을 것이다.

이같은 운영 전략은 다양한 이름으로 소개돼 왔다. 그중에서도 전사적 자원 관리(Enterprise Resource Planning, ERP), 가치사슬 관리, 공급망 관리(Supply Chain Management, SCM)는 기업에 필수적인 다

4: 리드타임은 사용되는 산업에 따라 미묘한 차이만 다르게 정의된다. 일반적으로 제조업에서는 리드타임은 생산에 착수하여 완성된 제품을 출고하는 시점까지 걸리는 시간을 의미한다.

양한 운영 전략을 하나의 커다란 패킷으로 묶어놓은 개념으로서 한 시대를 대표하던 운영 전략 패러다임이다.

오늘날 기업들은 **공급망 관리**(혹은 공급사슬관리, Supply Chain Management)란 운영전략 패러다임에서 경쟁하고 있다. 1980년대의 적시생산시스템(Just-In-Time)이나 린 생산방식(Lean Production), 1990년대의 반응생산방식(Quick Response) 등의 효율화 추진 전략이 개별적으로 발달하다가, 이 모든 것이 1990년대 중반 '공급망 관리'란 통합된 명칭 아래 결집됐다[5]. 많은 기업이 공급망 관리를 기업 운영의 핵심 전략으로 채택한 것이다. 기업은 단순한 수직통합구조 형태의 조직이나 임기응변에 입각한 주먹구구식 운영 전략으로는 치열한 경쟁에서 생존하기 어렵다는 사실을 깨닫고 공급망 관리 이론에 입각한 체계적인 기업 운영을 추구했다.

주요 기업 운영 전략[6]

전사적 자원 관리(Enterprise Resource Planning, ERP)는 각각의 부서에서 독립적으로 운영하던 다양한 관리 시스템을 하나로 통합해 생산성을 극대화하는 운영전략이다. 기업의 모든 부서가 하나의 시스템을 공

5: 일부 전문가들은 공급망 관리가 1980년대에 처음 생성된 개념이라 주장한다. 이들은 공급망 관리라는 큰 틀 아래, QR(Quick Response), CRP(Continuous Replenishment Program), ECR(Efficient Consumer Response), CPFR(Collaborative Planning, Forecasting and Replenishment) 등의 세부 기법이 발달해 왔다고 주장한다. (공급사슬관리 SCM, 한동철, 2006)
6: 여기서 소개된 내용들은 어떤 하나의 문헌을 발췌한 것이 아닌, 시사경제용어사전, 한경 경제용어사전, 두산백과, 위키피디아, 그외 다양한 공급사슬관리 전문 서적들을 종합하여 정리한 내용이다.

유하기 때문에 한 부서에서 데이터를 입력하면 모든 부서가 이 정보를 확인할 수 있다. 예를 들어 구매 담당자가 구매 물자 재고와 주문 처리 상황을 업데이트하면 생산 관리자가 실시간으로 업데이트된 정보를 바탕으로 생산 계획을 수립할 수 있다. ERP는 1970년대 '자재 소요량 계획(Material Requirement Planning, MRP)', 1980년대 자재 소요량 계획에 관리 업무가 결합되면서 발전한 '생산 자원 계획(Manufacturing Resource Planning, MRP II)'이 더욱 진일보한 형태다.

적시생산시스템(Just-In-Time)은 2차 세계대전 이후 파산 위기에 처한 도요타 자동차가 당시 세계 1위 자동차 기업인 제너럴 모터스(General Motors, GM)와 경쟁하려고 개발한, 비용절감에 특화된 기업운영전략이다. 생산 흐름을 알려주는 칸반(Kanban)이라는 카드를 활용한다. 전체적인 생산 흐름을 조절해 재고 비용을 최소화하는 것이 최우선 목적이다. 제조업자가 납품업체로부터 부품 혹은 원자재를 필요한 시기에 필요한 수량만큼만 공급받는 이상적인 생산 라인을 지향하지만, 부품 조달에 차질이 발생하면 생산 라인 전체가 마비되는 문제점이 있다.

일부 전문가들은 **린 생산방식**(Lean Production)과 도요타 생산방식을 동일시한다. 사실 린 생산방식은 군살, 즉 낭비가 전혀 없는 날씬한(lean) 생산 방식을 의미하기 때문에 도요타를 비롯한 일본 제조기업들의 생산 방식을 지칭하는 용어가 맞다. 하지만 그 용어 자체는 도요타가 창조한 것이 아니라 MIT 대학에서 수행한 연구에서 나왔다. 린 생산방식은 재고 절감 외에도 제품·부품의 흐름이 막히지 않는 생산라인을 강조하기 때문에 서비스업에도 적용 가능하다.

반응생산방식(Quick Response)은 QR 시스템이라고 불린다. 보통 의류업체에서 판매된 제품 정보를 신속히 반영해 소비자 니즈에 부합하는 제품을 집중적으로 공급하는 방식을 의미한다. 판매정보를 즉각적으로 업데이트해 소비자 니즈에 부합하는 제품을 필요한 만큼만 적시에 공급하는 전략이다. 자라(ZARA)와 같은 패스트패션 브랜드를 생각하면 쉽게 이해할 수 있다. 제품이 생산돼 소비자에게 전달되기까지의 과정을 최소화함으로써 재고와 유통 비용을 절감하는 것이 이 전략의 성공을 좌우하는 핵심 요소다[7].

공급망 관리의 진화

김최고 대표는 공급망 관리를 명확히 정리해 보려고 공부를 시작했지만 한 문장으로 정의하기란 쉽지 않았다. 어쩌면 불가능한 일인지도 모른다. 공급망 관리에 대한 학술 연구가 오래됐을 뿐 아니라 실제 기업에서 응용되는 범위도 무척이나 광범위하기 때문이다. 어떤

7: 여기서 의미하는 다른 제품으로의 전환은 완전한 다른 제품 카테고리로의 전환을 의미하는 것이 아니다. 예를 들어, 고객 반응이 좋은 칼라의 채택, 고객이 좀더 좋아하는 디자인으로의 전환 등 제품의 기본적인 속성은 유지한 채 이루어지는 일부 특성의 변환을 의미한다.

이는 기업운영전략의 하나로 공급망 관리를 언급하고, 어떤 이는 기업의 경쟁력을 강화하는 구체적인 실행 방안으로 공급망 관리의 세부 주제를 인용한다. 기업에서 사용하는 인프라 시스템을 통틀어 공급망 관리라고 칭하는 사람도 있다.

사실 공급망 관리는 이 모든 것들을 포함한다. 공급망 관리는 거시적인 기업 운영 전략을 의미하기도 하고, 세부적인 실행 방안이기도 하다. 운영 전략을 실행하기 위한 IT 인프라 시스템을 의미하기도 한다. 공급망 관리 기술은 많은 문헌에서 찾아볼 수 있는데, 몇몇 주요한 정의를 살펴보자[8].

✦ 공급관리협회(Institute for Supply Management)는 공급망 관리란 최종 소비자의 니즈를 충족시키고자 조직의 경계를 초월해 끊어짐 없는 부가가치 프로세스를 설계하고 관리하는 것이라고 정의한다. 공급사슬을 성공적으로 운영하려면 인적·기술적 자원의 개발과 통합이 필요하다.

✦ 공급사슬협의회(Supply-Chain Council)는 공급망 관리란 수요과 공급의 관리, 원자재와 부품의 조달, 제품 생산 및 조립, 재고 관리와 추적, 수주 및 주문 관리, 그리고 고객에게의 배송 등을 의미한다고 한다.

8: 공급사슬관리, 2nd, 김승철 외 3인 공역, 한경사

✦ 공급사슬관리전문가 협의회는 공급망 관리란 발주, 조달, 생산을 위한 계획 수립, 관리 및 물류 활동을 의미한다고 한다. 공급망 관리는 공급업체, 유통업체, 제3자 물류업체, 그리고 고객 등 공급사슬 파트너와 조정과 협력하는 활동도 포함한다.

하지만 지난 수십 년 동안 기업 운영 전략의 패러다임이 바뀌었듯이 공급망 관리도 지속적으로 변화하고 있다. 그림 1-1은 미국 컨설팅 기업 액센츄어(Accenture)에서 발표한 공급망 관리의 발전 경향이다. 공급망 관리는 1980년 이전부터 존재했다. 초기 공급망 관리는 실질적 재화의 이동에 초점을 맞추었다. 실질적인(혹은 물질적인) 재화의 이동이란 원재료나 완제품처럼 구체적인 형태가 있는 제품의 이동, 즉 구매나 판매 등의 행위를 의미한다. 이 시기에는 생산 및 운송 비용을 최소화하고 이윤을 극대화하려는 공급망 전략이 수립됐으며, 비효율성의 최소화가 최대 관심사였다. 1990년대에는 정보 흐름에 기초한 공급망 관리로 진화했다. IT 기술 발전에 힘입어 생산·운송·판매에 대한 정보를 실시간으로 공유할 수 있게 되면서 생산 계획을 수시로 최적화하고, 실시간 데이터에 기초해 미래 수익을 예측했다. 1세대 물리적 공급망 관리보다 실시간이고 미래 변화에 먼저 대응하는 좀 더 능동적인 공급망 관리가 시작됐다. 정보 흐름에 기초한 2세대 공급망 관리는 상당히 오랜 기간 기업의 핵심 운영 전략으로 활용됐다.

하지만 최근 이러한 2세대 공급망 관리에도 변화가 감지되고 있

Finance Phase(2000~)
현금의 흐름을 강조, 원활한 현금 흐름을 위한 기업 구조 및 운영전략, 금융과 기존 공급망 간의 조화 등이 중시됨

Information Phase(1980~1990)
정보의 흐름을 강조, 정보에 기반한 최적의 플래닝, 공급객체 간 협업, 의사결정 등이 중시됨

Physical Phase(Pre~1980)
물리적인 재화의 흐름을 강조, 비효율성을 최소화하기 위한 입지 선정, 프로세스 등이 중시됨

[그림 1-1: 공급망 관리의 발전 (출처: 액센츄어 보고서)]

다. 기업은 정보 외에도 공급사슬관리의 성패를 결정짓는 또다른 주요 리소스가 있다는 것을 발견했다. 일부 기업은 지속적으로 이익을 내고 있음에도 불구하고, 기업 운영에 어려움이 발생했다. 김최고 대표가 있는 화사 그룹도 같은 문제가 있었다. 이번에는 화사 그룹이 원인이 돼 파트너사가 어려움에 처한 사례다. 화사 그룹은 중국 현지 공장을 증축하면서 ㈜최고생산설비에 대규모 주문을 발주했다. 화사 그룹은 사업을 확장하겠다는 의지가 분명해 신규 공장의 규모가 엄청났기에 발주된 주문양도 상당했다. 계약이 성사된 후 ㈜최고생산설비의 임직원들은 연말 재무제표에 찍힐 숫자를 상상하며 무척이나 행복해하고 있었다. 하지만 갑자기 ㈜최고생산설비의 현금 유동성에 문제가 발생하기 시작했다. 이유는 이렇다. ㈜최고생산설비가 화사 그룹으로부터 받은 어음은 3개월짜리 외상매출채권이었다. 3개월 후에야 납품 대가를 받을 수 있다. ㈜최고생산설비는 화사와

의 계약을 체결하려고 무리해서 자사의 생산 능력을 확장했고, 과도하게 홍보비를 지출했다. 화사 그룹과의 계약 체결로 매출액은 상승했지만 당장 ㈜최고생산설비가 보유한 현금량은 감소했다. ㈜최고생산설비에 문제가 생기자, 화사 그룹도 영향을 받았다. 적시에 필요한 물품이 들어오지 못하는 문제가 생긴 것이다. 이 문제는 상당히 복잡하다. ㈜최고생산설비는 기업을 운영하며 현금유동성이라는 요소를 추가로 고려했어야 했다. 하지만 일반적인 '정보' 공급망 관리에는 현금유동성이란 요소가 없다. ㈜최고생산설비는 나름의 방식으로 현금유동성을 모니터링 하고 있었지만 기업을 운영하는 통합 관리 프레임워크에 현금유동성을 체크하고 예상하는 시스템 자체가 없었다. 현금유동성은 재무팀이 별도로 관리하는 한 가지 요소일 뿐 기업의 전사적 관리툴에 큰 영향을 주지 못했다.

화사 그룹에도 문제가 있었다. 전체 공급사슬을 관리하며 파트너사의 사정을 정확히 파악하지 못하고 '받을 돈은 일찍 받고, 줄 돈은 늦게 주라'는 고리타분한 잠언에만 매달렸다. 파트너사 선정을 포함한 문제는 2부에서 좀 더 자세히 설명하도록 하겠다.

'정보' 공급망 관리만으로는 대처할 수 없는 또다른 문제가 있다. 다시 화사 그룹의 사례다. 화사 그룹은 글로벌 공급망을 구축했다. 제품생산공장은 중국에 있으나 제품 대부분은 한국과 미국에서 판매되고 있다. 화사 그룹이 구축한 공급망에서는 3가지 종류의 통화가 통용되고 있다. 일부 부품을 중국 현지 업체에서 구매하며, 이는 중국 위안화(첫 번째)로 결제된다. 미국에서 판매하는 제품은 미국 달러화(두 번째 통화)로 결제 받는다. A 기업의 모든 회계장부는 한국 원화(세 번째 통화)로 환산된 가격을 기록한다.

화사 그룹은 환율 리스크에 노출돼 있다. 달러화 대 원화, 위안화 대 원화의 환율 변화에 따라 화사 그룹의 수익은 큰 폭으로 변화한다. 일반적인 정보 공급망 관리에서는 환율 리스크란 요소를 전혀 고려하지 않는다. 마찬가지로 환율에 의한 수익 변화는 재무팀에서 정기적으로 기록하는 수치일 뿐 기업의 전사적 운영관리 프레임워크에 큰 영향을 미치지 못하고 있다. 환율 변화에 대한 대응 방안도 전무한 실정이다.

화사 그룹은 공급망 관리에는 정보 외에도 현금유동성, 환율 리스

[그림 1-2: 공급망 상품·정보·금융 흐름 구성 요소]
(출처: 공급사슬금융: 공급망 내에서 금융 흐름의 최적화[9])

9: Supply chain finance: optimizing financial flows in supply chains, Hans-Christian Pfohl, Moritz Gomm, Logistics Research, 2009

크와 같은 '금융' 요소가 큰 역할을 한다는 것을 깨달았다. 기업 관리자는 더이상 재고 수준만 점검하는 것이 아니라 재고유지 비용을 계산하고 운전자본 및 현금 유동성이 미칠 영향을 살펴봐야 한다. 단순히 매출을 늘리는 데 힘쓸 것이 아니라 환율 리스크를 비롯한 각종 리스크를 관리하고 매출의 변동성을 줄여야 한다. 전통적인 공급자-구매자 관계 관리에서 한걸음 나아가 거래 파트너의 신용 등급을 새로운 관리 기준으로 추가해야 한다. 기업에 필요한 금융서비스를 제공하는 금융기관과의 협력은 더욱 중요해질 것이다. 화사 그룹은 공급망 관리에 '금융'적인 요소를 결합해 의사결정을 내리는 주요 판단 기준으로 적용하겠다는 방안을 마련했다. 필자는 이런 전략을 3세대 금융공급망 관리, 혹은 정보 공급망 관리에 F요소(Finance, Flow, Fund)를 더하므로 **+F 전략**이라 칭한다.

3장 리스크를 화이트 리스크로 만드는 +F 전략

　　　　　　　　과연 +F 전략은 화사 그룹이 직면한 위기를 해결할 수 있을까? 화사 그룹은 +F 전략을 이용해 여러가지 위기에 대한 해결책을 제시함으로써 화이트 리스크로의 전환을 성공적으로 이루어낼 수 있을까? 최근 화사 그룹의 김최고 대표는 +F 전략의 효용에 깊은 관심을 가지게 됐다. 김최고 대표는 +F 전략이 화사 그룹이 현재 겪고 있는 위기를 헤쳐나갈 방향성을 제시하고 실질적인 기업 역량을 향상시켜줄 것이라 믿는다. 이제 남은 일은 +F 전략을 좀 더 깊이 숙지해 실질적인 적용 방안을 수립하는 것뿐이다.

　이제 본격적으로 +F 전략을 이야기해 보도록 하자. 가장 먼저 떠오르는 질문은 이것이다. 도대체 +F 전략이란 무엇인가? 어떤 전략이든 확실한 정의가 있어야 이해할 수 있고 구체적으로 적용할 수 있

다. "+F 전략은 기존 '정보' 공급망 관리에 금융 관련 요소를 더한 기업의 통합 운영관리 전략"이다. 산업별로 필요한 공급망 관리 형태가 다르듯이, +F 전략도 산업에 따라 그 형태를 달리해야 한다. 하지만 개별 산업의 특성에 맞춰 +F 전략을 일일히 정의하기란 불가능해 보인다. 현재 존재하는 수많은 산업군을 생각해보면 개별적인 +F 전략의 규명에 필요한 어마어마한 시간과 노력이 들어갈 것이다. 따라서 여기서는 모든 산업에 보편적으로 적용될 수 있는 기초적인 +F 전략만 말한다. 여기서 말하는 기초적인 +F 전략이란 구매-제조-판매라는 전통적 공급망을 구축한 기업, 즉 화사 그룹에 적용할 수 있는 금융공급망 관리 전략을 의미한다.

금융공급망에 대한 관심

사실 금융공급망은 최근 들어 관심을 받기 시작했다. 금융공급망에 대한 연구보고서 및 기사는 대부분 2010년 이후에 작성됐다. 유명 컨설팅 회사인 액센츄어의 매니저 카를로스 알바렝가(Carlos Alvarenga)는 일찍부터 금융공급망 관리의 중요성을 제기했다. 카를로스는 보고서를 통해 새로운 형태의 공급망 프레임워크를 제시했다. 제품 흐름에만 초점을 맞추던 기존 공급망과 달리, 기업 전체의 재무 성과와 주주의 이득 그리고 리스크까지 고려한 새로운 형태의 공급망이었다. 카를로스는 새로운 형태의 공급망 관리는 생산운영관리와 금융, 두 분야에서 전문성을 가진 새로운 팀이 있어야 효율적으로 운영될 수 있다고 주장했다. 새로운 팀은 다양한 생산운영관리 이슈에 대한 연구, 리스크 관리 및 금융을 고려한 공급망 운영 최적화 등의 역할을 맡을 전망이다.

2013년, 딜로이트(Deloitte)는 금융공급망 관리가 기업이 현금 흐름(cash flow)을 최적화하고 자금조달활동의 효율성을 높이는 데 도움을 줄 것이라는 보고서를 발표했다. 필요 자금이 적시에 조달되지 않는다면 기업은 큰 위기를 겪는다. 특히 중소기업은 자금 조달 수단에 제약이 있기 때문에 이러한 위험에 더욱 크게 노출돼 있다. 화사 그룹과 계약한 ㈜최고생산설비를 기억하는가? 현금 흐름에 문제가 생겨서 회사의 사활이 왔다갔다 했다. 사실 딜로이트 보고서의 주된 내용은 자금 조달의 원천인 은행과 자금 조달 수요자인 기업 간의 관계 유지에 대한 것이지만, 공급망 관리에 금융이 필요하다는 중요성을 언급했고 이에 대한 관심을 불러일으켰다는 점에서 의의를 찾을 수 있다.

2013년 〈인더스트리위크(IndustryWeek)〉에 실린 기사도 흥미롭다. '금융공급망 운영(Managing the Financial Supply Chain)'이라는 기사에서 기업들이 물리적(physical supply chain) 공급망 구축에는 힘을 쏟으면서 더 큰 역량을 집중해야 할 금융공급망의 구축에는 힘을 쏟지 않는다고 지적했다. 〈인더스트리위크〉는 기업 규모가 커짐에 따라 기업 운영에 필요한 비용도 빠르게 증가할 것이고, 자본(capital)과 현금 흐름(cash flow)에 대한 현명한 관리는 기존의 공급망 관리의 최대 이슈였던 공급자와의 관계를 잘 구축하는 일만큼이나 중요하게 될 것이라고 주장했다. 〈인더스트리위크〉 기사에서 언급된 금융공급망 관리는 지불, 구매, 자금 조달 등 현금 흐름을 야기하는 모든 활동에 적용할 수 있다.

세계 최대 투자은행 중 하나인 비엔피 파리바스(BNP Paribas)에서도 금융공급망을 연구해 그 결과를 발표했다. 2013년 발표한 '금융공급망 관리(Financial Supply Chain Management)'라는 보고서에서 금융공급망을 '현금과 운전자본을 이동시키는 프로세스'라고 규정했다. 금융공급망 관리와 기존의 공급망 관리를 비교하고, 파생되는 현금흐름 관리, 매출금·매입금 관리, 신용관리 등을 금융공급망 관리의 새로운 이슈로 제시했다. 비엔피 파리바스가 제시한 공급망에서의 현금흐름은 그림 1-3과 같다.

1-3을 보면 기존의 생산공급망(하단)과 금융공급망(상단)이 유기적

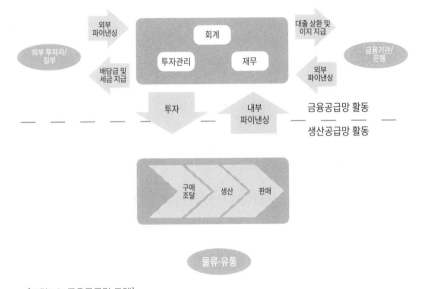

[그림1-3: 금융공급망 모델]
(출처: BNP Paribas 보고서)

으로 연결돼 있다. 기업 내 재무 부서는 금융기관이나 외부투자자로
부터 돈을 빌려 기업의 생산, 판매 활동에 투자한다. 생산, 판매가 적
절히 진행돼 이익이 발생하면 재무팀은 외부 파이낸싱에 대한 대가
로 배당금과 이자를 지불한다. 이같은 비용을 제외하고 남은 이익금
은 기업의 또다른 생산 활동에 투자된다.

　이처럼 금융공급망에 대한 탐구는 학계보다 경영 현장서 먼저 진
행됐다. 기업에게 자문을 제공하는 컨설팅 기관이나 리서치 기관에
서 금융공급망 관리가 필요함을 먼저 깨닫고 적용 가능성을 타진한
듯하다. 다행히 학계에서도 점차 활발히 금융공급망을 연구하기 시
작했다. 2013년 유명 공급망 관리 저널인 〈서플라이 체인 매니지먼
트; 인터내셔널 저널(Supply Chain Management: An international

Journal)〉에 기재된 '모토로라의 글로벌 금융공급망 전략(Motorola's global financial supply chain strategy)'은 체계적으로 금융공급망 관리를 분석한 최초의 연구 논문이다. 이언 블랙맨(Ian D. Blackman, 브루넬 대학 교수), 크리스토퍼 홀랜드(Chrostopher P.Holland, 맨체스터 대학 교수), 티모시 웨스콧(Timothy Westcott, 모토로라 매니저)은 연구가 많이 진행되지 않았기 때문에 금융공급망의 확실한 정의가 아직 내려지지 않았다고 언급했다. 이들은 기존공급망 관리와 실제 기업 사례를 분석해 금융공급망을 다음과 같이 정의했다.

"금융공급망은 재화 및 서비스의 흐름을 개선하고자 정보를 공유하고 금융 관련 프로세스를 마련해 돈의 흐름을 관리하는 기업과 금융기관의 네트워크를 의미한다."[10]

저자들은 금융공급망을 분석하는 이론적 프레임워크를 제시했다. 그림 1-5와 같이 (1) 기존에 존재하는 제조 및 물류 공급망과의 상호작용, (2) 금융 비즈니스 프로세스, (3) 금융 및 결제 관련 정보 시스템, (4) 금융 네트워크, (5) 금융공급망 성과의 5가지를 금융공급망 운영의 주요 구성 요소로 제시했다. 금융공급망은 금융 비즈니스 프로세스, 금융 및 결제 관련 정보 시스템, 금융 네트워크로 구성된다. **금융 비즈니스 프로세스**란 기업 간 혹은 기업 내 금융 거래를 처리·관리하기

10: "A financial supply chain is the network of organisations and banks that coordinate the flow of money and financial transactions via financial processes and shared information systems in order to support and enable the flow of goods and services between trading partners in a product supply chain."

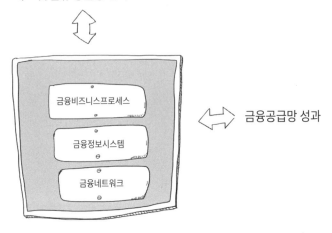

제조 및 물류 공급망 전략

금융비즈니스프로세스

금융공급망 성과

금융정보시스템

금융네트워크

[그림 1-4: 금융공급망 분석 프레임워크 (출처: 모토로라의 글로벌 금융공급사슬 전략[11])]

위한 일련의 활동을 의미한다. **금융 및 결제 관련 정보 시스템**은 금융 비즈니스 프로세스를 지원하기 위한 기업 간 혹은 기업 내 정보 교환 전산 시스템을 의미한다. **금융 네트워크**란 금융공급망 운영에 필요한 공급자, 구매자, 금융기관과의 관계 구축과 관리를 의미한다. 금융공급망은 기존의 제조 및 물류 공급망과 상호 작용하면서 더욱 효과적으로 작용하며 궁극적으로 기업의 성과를 향상시키는 데 도움을 줄 것이다.

스위스 연방공과대학(ETH Zurich)에서는 '통합적 금융공급망 관리(collaborative financial supply chain management)의 구축'이라는

11: Motorola's global financial supply chain strategy, Ian D. Blackman, Christopher P. Holland and Timothy Westcott, Supply Chain Management: An International Journal, 2013

[그림 1-5: 글로벌 공급망에서의 금융 이슈 예시들 (출처: Tech and Natural Science 웹사이트)]

주제로 금융공급망 관리를 효과적 도입하기 위한 연구를 진행하고 있다. 이 연구는 글로벌 마켓이 성장하고, 시장변동성이 증가하며 법제·규정이 다양해짐에 따라 제품 및 정보 흐름에 초점을 둔 기존 공급망 외에 금융을 고려한 금융공급망을 도입할 필요가 있다는 인식에서 시작됐다. 그림 1-5은 화사 그룹처럼 글로벌 공급망을 구축한 기업이 마주할 수 있는 공급망 관련 금융 이슈다. 연구에서는 공급망에서 발생하는 금융 이슈를 효과적으로 해결하는 금융공급망 관리 방안을 찾고 있다. 다음으로는 그래서 탄생한 +F 전략을 정리해보자.

+F 전략

과거의 금융공급망 관리에 대한 연구들을 종합해 +F 전략을 다음과 같이 정의한다.

"+F 전략은 기존 공급망 관리를 보완·강화할 수 있도록 금융 요소를 결합한, 확장된 개념의 공급망 관리 전략이다. 공급망에서 겪게 되는 금융 이슈와 이를 올바르게 해결는 데 필요한 공급망 참여자의 역할을 포함한다. 기존 공급망 관리와 달리 기업의 재무·회계 부서와 거래 금융기관을 공급망의 주요 참여자로 간주하며, 공급망 참여자 간의 재화 및 현금 이동을 최우선 이슈로 다룬다. 단순히 거래에 따른 돈의 흐름 외에도 파이낸싱, 거래 파트너의 신용 평가, 위기 관리 등 다양한 금융 이슈를 공급망 의사결정에 고려한다."

+F 전략을 통해 달성하고자 하는 바는 다음과 같다.

(1) 공급망 운영 비용의 최소화

(2) 운전자본 및 현금 흐름의 최적화

(3) 자금의 적시 조달을 통한 미래성장기회 확보

(4) 리스크 적시 대응을 통한 기업 생존력 향상

(5) 금융·재무적 요인을 고려한 최적의사결정

(6) '돈(금융)'을 중시하는 기업 문화

+F 전략을 좀더 깊게 이해하려면 금융공급망 흐름도(flow chart)를 살펴봐야 한다. 올바른 금융공급망 흐름도를 작성하려면 먼저 공급망에서 요구되는 금융 업무를 파악해야 한다. 일반적으로 기업에는 금융/재무팀이 존재한다. 기업 규모에 따라 일부 차이가 있겠지만, 보통 이들은 회계처리, 세무, 자금기획 및 예산처리 등의 업무를 수행한다. 금융/재무팀은 공급망 운영을 위해 금융·재무적 관점에서 필요한 다양한 의사결정도 내린다. 아래는 화사 그룹의 재무팀이 정리한 의사 결정의 대표적 예시다.

기업의 규모가 커지고 다수의 공급자·구매자와 공급망을 구성함에 따라 좀더 다양한 금융 업무가 공급망 수준에서 요구된다. 화사 그룹도 처음 국내 기반으로 하청 위주의 사업을 할 때는 리스크의 범

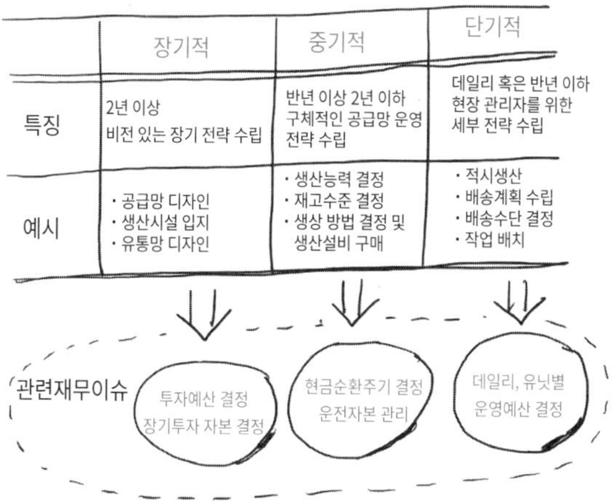

	장기적	중기적	단기적
특징	2년 이상 비전 있는 장기 전략 수립	반년 이상 2년 이하 구체적인 공급망 운영 전략 수립	데일리 혹은 반년 이하 현장 관리자를 위한 세부 전략 수립
예시	·공급망 디자인 ·생산시설 입지 ·유통망 디자인	·생산능력 결정 ·재고수준 결정 ·생상 방법 결정 및 생산설비 구매	·적시생산 ·배송계획 수립 ·배송수단 결정 ·작업 배치
관련재무이슈	투자예산 결정 장기투자 자본 결정	현금순환주기 결정 운전자본 관리	데일리, 유닛별 운영예산 결정

[그림 1-6: 공급망 의사결정 수준별 재무적 이슈]
(출처: 재무적 가치기반의 공급사슬 통합 모형에 대한 연구 고찰[12])

12: 재무적 가치기반의 공급사슬 통합 모형에 대한 연구 고찰, 이진휘, 한재현, 정석재, Journal of Korean Society of Supply Chain Management, 2012

위가 이렇게 넓지 않았다. 그러나 화사 그룹처럼 사업 확장을 염두에 두고 있다면 자금조달 방안을 강구해야 한다. 사내유보금을 충분히 보유한 기업은 이를 활용해 사업을 확장할 수 있지만, 그렇지 못한 기업은 외부로부터 자금을 조달해야 한다. 만약 기업이 주식시장 상장을 고려하고 있다면 기업공개(Initial Public offering, IPO)[13]를 위해 투자자문사와의 협업해야 하고, 기업공개 후에는 투자자 관리(Investor Relations, IR)에 힘을 기울여야 한다. 자금을 확보하는 또다른 방안은 채권 발행이다. 채권을 발행한다면 자문 서비스를 제공해주는 금융기관과 협업해야 하고, 원금·이자 지급에 맞추려면 현금관리도 필요하다. 만약 기업이 차입이나 대출로 자금을 조달한다면 마찬가지로 관련 금융기관과의 관계를 유지하고 상환에 필요한 현금을 관리할 필요가 있다.

화사 그룹은 최근 원자재 가격과 환율의 변동이 심해짐에 따라 리

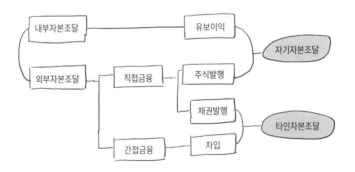

[그림 1-7: 기업의 자금 조달]

13: 기업 공개란 상장법인(거래소에 주식을 상장하고 있는 법인)이 되기 위해 기업 재무 내용을 공시하고, 법정 절차에 따라 일반 대중에게 균일한 조건으로 주식을 공모 혹은 매출하는 행위를 의미한다. (출처: 시사상식사전)

스크를 관리하는 데 관심을 기울이고 있다. 기업이 직접 금융 시장에서 리스크 헤지 활동을 수행하는 경우도 있지만, 화사 그룹은 아직 전문성이 부족해 금융기관에 리스크 헤지를 위한 위탁 거래를 의뢰하기로 했다.

결과적으로 리스크를 관리하려면 환율 리스크 등을 기업 내부에서 분석하고 헤지 거래를 수행하거나 금융기관과 좋은 관계를 유지해야 한다.

이처럼 기업이 공급망을 운영하는 데 필요한 금융 업무는 점차 다

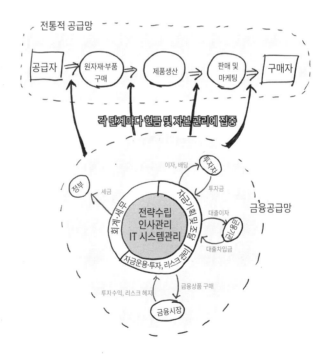

[그림 1-8: 금융공급망[14]]

14: 이 내용은 Dong-A Business Review(DBR), October 2017, Issue 2, No 235 '물리적 재화 → 정보 → 금융' SCM의 패러다임이 바뀐다.' 기사에도 게재됐다.

양해지고 있다. 그림 1-8은 이같이 다양한 공급망 금융 업무를 한눈에 보여주는 +F 전략 흐름도다. 금융공급망으로 전환하면서 새로 추가되는 금융 업무에 주목하려고 전통적 공급망을 구매 ⇨ 생산 ⇨ 판매로 단순화했다. 기존 공급망에 대한 분석은 이미 많이 이루어졌기 때문에 여기서는 전통 공급망을 단순화하고 금융 업무와 결합하는 데 주로 초점을 맞추었다. 단순하게 표현했다고 전통적 공급망 관리의 역할이 평가절하된 것은 아니다.

+F 전략은 기존 공급망 관리를 반박하는 것이 아닌 보완하는 개념이라는 사실이 중요하다. +F 전략의 원칙은 전통적 공급망 관리와의 조화 속에 적용하는 것이다. 전통적 공급망 관리에서 중시되는 원칙도 함께 적용하되, 금융 업무의 중요성이 증가하고 현금 흐름이 강조됨에 따라 요구되는 변화를 함께 고려해야 한다.

+F 전략의 세부 실행 방안은 2부에서 다룰 것이다. 그전에 +F 전략이 적용된 해외 사례를 한 가지 보고 넘어가도록 하자.

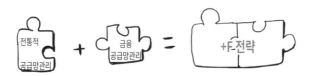

모토로라(Motorola)의 +F 전략[15]

2000년대 휴대폰을 사용한 사람이라면 모토로라가 얼마나 유명한 기업이었는지 잘 알고 있을 것이다. 모토로라(Motorola)는 스타텍(StarTAC), 레이저(RAZR) 등의 메가 히트작을 잇달아 성공시키며 노키아(Nokia), 삼성 등과 치열한 경쟁을 벌였다. 2008년 2분기에 모토로라는 세계 3위의 시장점유율을 기록했다.

하지만 모토로라는 RAZR 모델 이후에는 메가 히트작을 출시하지 못했다. 혁신을 게을리한 결과로 모토로라는 2000년대 중반 빠른 속도로 시장점유율을 잃어버렸다. 2006년부터 2009년에 걸쳐 모토로라의 시장점유율은 21%에서 5%로, 무려 16%가 감소했다. 특히, 애플이 아이폰을 발표하면서 시작된 스마트폰 시대는 모토로라를 돌이킬 수 없는 지경으로 쇠락시켰다[16]. 2011년 1월 4일, 모토로라는 휴대폰

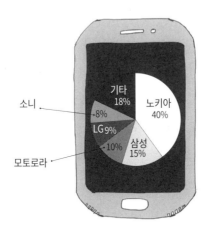

[그림1-9: 2008년 2분기 휴대폰 시장점유율 (출처: Business Wire)]

15: Motorola's global financial supply chain strategy, Ian D.Blackman 외 2인, Supply Chain Management: An International Journal, 2011
16: 모토로라 외에도 노키아, 블랙베리 등의 휴대폰 제조업체가 스마트폰 시대로의 변화에 실패하면서 쇠락했다.

을 담당하는 '모토로라 모빌리티' 사업부와 바코드 스캐너, 공공안전 업무용 무전기 등을 담당하는 '모토로라 솔루션스' 사업부로 분리됐다. 모토로라 모빌리티는 2011년 8월 15일 구글(Google)에 인수됐다. 모토로라 휴대폰 사업부는 구글에 인수된 이후에도 히트작을 내놓지 못하다가, 2014년 중국 IT업체인 레노버(Lenovo)에 인수되고 말았다[17]. 2016년 레노보는 모토로라의 브랜드를 점차적으로 폐지할 것이라고 했지만, 2017년 입장을 번복해 모토로라 브랜드를 유지할 계획이라고 발표했다[18,19].

비록 모토로라는 시대의 변화에 잘 대응하지 못해 쇠락했지만, 상당히 이른 시점부터 금융공급망에 관심을 기울인 기업으로 남아 있다. 모토로라는 일찍부터 금융 프로세스가 공급망에 불확실성을 가져온다는 사실을 깨달았다. 해외 시장에서 제품을 구매한 소비자는 자국 통화로 제품 가격을 지불한다. 계약을 체결한 후 결제가 이루어질 때까지 환율 변동이 심한 경우, 처음에 제품을 판매한 달러 가격과 실제 소비자가 결제한 달러 가격 사이에 큰 차이가 발생했다. 해외 통화 결제 때문에 모토로라는 환율 리스크에 노출됐다. 때로는 구매자가 약속한 날짜에 제품 가격을 지불하지 않아 문제가 되기도 했다. 구매자의 결제 시스템에 문제가 발생하거나 구매자가 거래하는 은행 프로세스에 지연이 생긴 경우, 약속한 날짜에 판매금을 받지 못하는 일이 발생했다. 모토로라는 만일의 사태에 대비해 현금 보유량을 늘렸고, 자본조달비용은 증가했다.

이같은 상황이 모토로라로 하여금 금융공급망관리에 관심을 기울

[그림 1-10: 모토로라 스타텍과 레이저 (출처: 위키피디아)]

이게 했다. 먼저 모토로라는 현금 흐름을 개선하려고 '집중화된 넷팅 (centralized netting)'이라는 기법을 도입했다. 집중화된 넷팅이란 기업의 한 부서에서 모든 거래 정보를 종합해 해외 통화 매수 거래와 해외 통화 매도 거래를 상쇄시켜 남은 거래액만 처리하는 방식을 의미한다. 모토로라는 기업 내부의 현금 흐름은 물론 수많은 거래 상대와의 모든 현금 흐름을 넷팅 시스템에 등록했다. 해외 통화로 거래되는 모든 자금 흐름을 하나로 통합해 한눈에 살펴보고, 순차액만을 지불해 환위험에 최소한으로 노출되려고 노력했다. 모토로라의 집중화된 넷팅을 좀 더 자세히 살펴보면 다음과 같다.

17: 레노보는 '모토로라 모빌리티'만을 인수했다.
18: 2016년 이후 'Motorola'라는 브랜드 대신 'Moto by Lenovo'라는 브랜드를 사용했다.
19: Hello Moto, once again: Lenovo to bring back brand Motorola, India Today, 2017. 3. 3

Step 1 모토로라 내부적으로 발생하는 모든 현금 흐름을 종합해 간소화한다. 결제를 서로 상쇄해 내부 부서 간 결제, 지불 내역을 최소화한다. 예를 들어 A부서가 B부서로 200달러, B부서가 C부서로 250달러, C부서가 A부서에게 100달러를 지불해야 할 일이 있다면, 모든 거래를 상쇄하고 최종적으로 A부서가 100달러, B부서가 50달러를 C부서에게 지불한다.

Step 2 모토로라와 외부 거래자와의 모든 결제, 지불 내역을 시스템에 등록한다. 거래를 상쇄해 해외 통화 거래량을 최소화시킨다. 예를 들어, 모토로라 미국 지사가 유럽 공급자에게 € 200,000(유로화)을 지불해야 하고, 모토로라 프랑스 지사가 미국 공급자에게 $230,000(달러화)를 지불해야 한다. 이 두 거래를 매칭시켜 유로화를 기본 결제 수단으로 사용하는 프랑스 지사가 유로화를 지불하고, 달러화를 사용하는 미국 지사가 달러화를 지불한다. 차액에 대해서만 두 지점간 거래를 실시하면 해외 통화로 환전되는 금액을 최소화할 수 있다. Step 2에서는 이같이 매칭되는 거래들을 골라 순차액을 계산한다.

Step 3 모토로라의 금융 파트너인 씨티은행으로 지불 정보를 발송해 약속된 날짜에 지불이 이루어지도록 한다. 거래자에게도 직접 지불상세내역을 발송한다. 모든 정보 발송은 전자시스템으로 이루어진다.

모토로라는 비스포크(bespoke)라는 넷팅 시스템을 자체적으로 개발했다. 하지만 넷팅 처리 규모가 증가함에 따라 더욱 빠르고 효율적인 시스템이 필요했다. 모토로라는 지속적으로 넷팅 시스템을 업데이트하다가 한계를 느꼈고, 2005년 ABN 암로은행(ABN AMRO bank)[20]이 개발한 넷팅 솔루션을 아웃소싱했다. 넷팅 시스템은 점점 더 효과를 냈다. 1993년 60%에 불과하던 해외 통화 거래의 넷팅 비율은 2009년 85% 수준으로 증가했다. 2009년 넷팅 시스템에 의해 처리된 금액은 200억 달러 수준이었고, 넷팅 후 환리스크에 노출된 금액은 30억 달러에 달했다.

모토로라는 넷팅 시스템을 더욱 보완하고자 했다. 모토로라는 때때로 넷팅 시스템이 잘못된 결과를 산출하거나 전자결제가 거부된 적이 있다는 사실을 발견했다. 원인을 추적한 결과, 운용 인력이 실수로 종종 데이터가 잘못 입력하고 있었다. 이에 모토로라는 제조업 생산제품의 수율을 관리하려고 개발한 식스 시그마 기법을 넷팅 시스템에 적용했다. 식스 시그마는 원래 모토로라가 제조 분야에서 불량율을 줄이기 위한 전사적 운동으로 개발한 기법이지만, 당시 이를 제조업 이외의 분야에 적용한 예는 거의 없었다. 아마 최초의 시도였을 것이다. 식스 시그마의 다양한 기법을 이용해 넷팅 시스템을 유지할 만한 데이터 품질을 관리하는 데 중점을 두었다. 1995년 3 시그마에 불과하던 데이터 품질 수준은 1998년 4.7 시그마 수준으로 빠르게 향상됐다. 이는 데이터 불량율이 6.68%에서 0.07%로 향상됐다는 의미다. 결함이 있는 데이터 숫자가 크게 감소함에 따라 넷팅 시스템의 효율성은 더욱 증가했다.

오라클(Oracle)의 전사적자원관리(Enterprise Resource Planning, 이하 ERP) 시스템을 도입하면서 모토로라의 금융공급망은 더욱 발전했다. ERP를 도입하자 전 세계에 퍼져 있는 모토로라 지사들이 하나의 시스템으로 연결됐다. 모토로라는 신뢰성 높은 제조·생산·판매 데이터를 각 부서에 제공할 수 있게 됐다. 넷팅 시스템을 비롯한 금융 프로세스도 동일한 데이터를 바탕으로 운영되므로 신뢰도가 향상됐다. 2005년 모토로라는 모든 결제 관련 시스템을 중국으로 이전해 결제 관련 시스템과 생산관리 시스템을 나란히 위치시켰다. 결제·지불 등의 활동은 생산관리활동과 밀접한 연관이 있어 수시로 데이터를

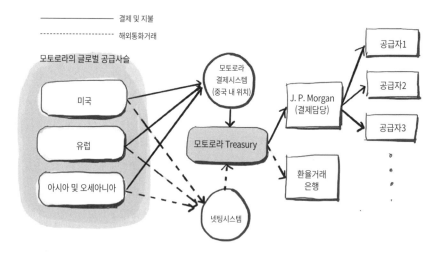

[그림1-11: 모토로라의 금융공급망]

(출처: Motorola's global financial supply chain strategy)

교환한다. 두 시스템을 같은 지역에 위치시킴으로써 정보처리 효율성을 더욱 높일 수 있었다. 데이터 품질 수준은 5.4시그마까지 향상됐다.

뿐만 아니라 모토로라는 기업 내 모든 금융 기능을 한 곳에 집중하려고 노력했다. 재무팀을 중앙에 집중시켜 공급망에서 발생하는 모든 결제 정보 및 펀딩·파이낸싱 정보를 집약했다. 집약한 정보를 바탕으로 재무팀은 효율적인 의사결정을 내릴 수 있었다. 모든 거래 정보가 한 곳에서 처리되자 단순한 작업 실수(예를 들어 거래 정보의 잘못된 기입 등)도 줄어들기 시작했다.

모토로라는 효율적인 금융공급망관리 덕분에 환율 리스크 감소, 거래처리수 감소, 운영 리스크 감소, 집중화된 시스템으로 인한 행정비용 감소 등 수많은 이점을 누렸다. 모토로라는 성공에 힘입어 금융공급망관리라는 비전을 다른 공급자·구매자 및 거래금융기관과 공유하며 금융공급망을 확장하려고 노력했다. 금융공급망의 확대는 모든 공급망 참여자에게 정보를 공유하고 파트너십을 강화할 것을 요구했다. 지속적인 노력 끝에 모토로라는 그림 1-11처럼 공급망 내 모든 이해 당사자를 아우르는 모범적인 금융공급망을 운영할 수 있었다.

모토로라는 스마트폰 시대로의 변화에 적절히 대응하지 못해 경쟁에서 낙오되고 말았다. 하지만 금융공급망 운영이라는 관점에서 모토로라는 시대의 선구자였다. 금융공급망을 구축하지 않았더라면 모토로라는 훨씬 더 빨리 소멸했을지도 모른다. 제품 혁신에서는 실

패했을지 몰라도 기업의 운영·관리라는 측면에서는 타 기업의 모범
이 될 만하다.

플러스 에프

2부
+F 전략의 실행

1장 +F 전략에서의 파트너 선택

화사 그룹의 김최고 대표는 이제야 +F 전략이 어떤 것인지 대략 '감'을 잡았다. +F 전략은 기존에 화사 그룹이 사용하던 공급망 관리에 다양한 금융 요인을 고려해 확장한 운영관리 전략이다. 기존에 따로따로 행해지던 금융과 공급망 관리를 하나의 프레임워크로 관리하기 때문에 화사 그룹이 통합된 관점을 가지고 기업을 효율적으로 운영하는 데 큰 도움이 될 것 같다. 뿐만 아니라 화사 기업이 마주한 리스크를 헤쳐나갈 통합적 솔루션을 마련하는 데 큰 도움이 될 것 같다.

+F 전략에 좀더 흥미가 생긴 김 대표는 +F 전략의 구체적인 실행 방안에 대한 자문을 구하기 시작했다. MBA 과정을 마친 김최고 대표는 수많은 경영학 이론이 그럴듯하게 포장됐지만 구체적인 실행

방안이 없어서 실행으로 이어지지 못하는 경우를 많이 봤다. +F 전략은 최근 화사 기업이 마주한 여러 위기를 체계적으로 관리하고 헤쳐 나가는 데 큰 도움이 될 것처럼 보이지만 구체적인 실행 가이드라인이 없다면 결국 다른 이론처럼 빛좋은 개살구에 지나지 않을 것이라고 김대표는 생각했다.

+F 전략의 첫번째 실행 방안은 **파트너 관리**다. +F 전략을 수행할 만한 최적의 파트너를 찾아내서 이들과의 관계를 돈독히 하는 것이다. 어찌보면 당연한 일이다. 공급망 관리에서 파트너만큼 중요한 것은 없다. 파트너와의 관계가 바로 '망'이기 때문이다. 금융이 접합된 +F 전략이라고 이 전제가 바뀔 리는 없었다.

파트너 관리는 파트너 '선택'과 파트너와의 '관계 강화'로 구성된다.

먼저 금융공급망에 어떤 파트너가 있는지 살펴보자. 첫 번째로 기업에게 필요한 금융 상품을 직접 제공하거나 어떻게 운영하는지 자문하는 '금융 에이전시'가 있다. 두 번째는 제품 생산에 필요한 원자재와 기초 부품을 기업에게 제공하는 '공급자'다. 공급자와의 관계 강화는 기존 공급망 관리 전략에서도 지속적으로 강조하던 주제 중 하나다. 세 번째는 기업의 제품을 구매하는 '구매자'이다. 구매자에 대한 관리는 **고객관계관리**(Customer Relationship Marketing, CRM)라는 이름으로 강조돼 왔다. 화사 그룹과 달리 기업이 주식 시장에 상장되어 있는 경우에는 IR(Investment Relations) 활동(투자자를 대상으로 기업의 경

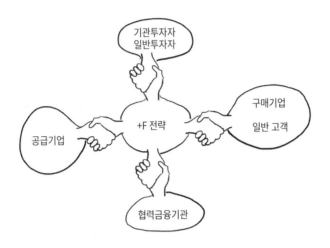

영 활동 및 각종 정보를 제공하는 활동)을 수행하며 기관투자자나 일반투자자 역시 +F 전략의 주요 파트너로 삼는다. 하지만 IR이 상장된 기업에게만 필요한 활동이라는 점을 고려해 기업의 규모에 상관없이 적용되는 범용적 +F 전략을 논의하는 이 책에서는 제외하도록 하겠다. 그간 화사 그룹은 파트너와의 관계를 깊숙히 고려해본 적이 없었다. 김최고 대표는 혹시 그것이 회사에 닥친 리스크의 원인이 아니었을까 의심하기 시작했다.

이제 +F 전략에 맞는 최상 파트너들을 선택하는 방안을 살펴보도록 하자.

첫 번째 파트너 선택 - 금융 에이전시

에이전시(agency)란 대행사나 대리 기관 즉, 전문 영역의 일을 대행하거나 주선해 주는 회사 혹은 사람을 일컫는다. 에이전시는 어느 산업에나 존재하며, 특히 광고업, 여행업, 스포츠·연예 산업 등에 널리 퍼져 있다. 금융업계에도 에이전시란 말이 꽤 자주 등장한다. 하지만 에이전시란 말을 금융업에서 사용했을 때는 보통 금융기관과 금융 서비스가 필요한 기업·개인을 연결시키고 수수료를 요구하는 브로커나 금융 서비스 자문 기관을 떠올리기 십상이다.

하지만 우리는 금융업에서 말하는 에이전시의 의미를 좀더 확장하고자 한다. 금융 서비스가 필요한 기업 입장에서는 기업과 금융기관을 연결해 주는 브로커 외에도 금융 서비스 자체를 제공하는 금융기관도 에이전시가 된다. 기업이 직접 수행하기 힘든 전문적인 금융 업무를 대행해주는 업체가 바로 금융기관이기 때문이다. 에이전시의 의미에 정확히 부합하는 역할을 금융기관들이 수행하는 것이다.

금융기관을 에이전시로 분류할 수 있는 또다른 근거는 금융기관이 금융중개기능(financial intermediation)을 가지고 있기 때문이다. 금융중개기능이란 금융기관이 대여자(저축자)에게 금융 상품을 제공하면서 자금을 받고, 이 자금을 개인이나 기업에 빌려주는 역할을 의미한다(Fama, 1985[1], Gorton and Winton, 2002[2]). 금융기관은 다양한 금융 상품을 개발해 대여자가 원하는 상품을 제공한다. 금융기관에서

1: What's different about banks?, Fama, E. Journal of Monetary Economics, 1985
2: Financial Intermediation, Gorton, G. and A. Winton, NBER Working Paper, 2002

자금을 빌리려는 차입자는 여러 금융기관의 차입 조건을 비교해보고 최적의 조건으로 필요 자금을 조달한다. 이처럼 금융기관은 금융중개기능을 통해 대여자와 차입자를 연결해주는 브로커, 즉 에이전시 역할을 수행한다. 우리는 기업에게 전문적인 금융 서비스를 제공하는 모든 금융기관들을 에이전시로 분류하고, 어떻게 하면 최적의 금융 에이전시를 선택할 수 있을지를 고민하고자 한다.

금융기관과는 일반적으로 개별 프로젝트 단위, 혹은 개별 계약 단위로 파트너 관계를 맺는다. 기업은 금융 서비스가 필요한 순간마다 적절한 파트너를 선택해 프로젝트를 진행한다. 화사 그룹도 마찬가지였다. 지역별 생산 시설을 마련할 때마다 다른 파트너와 다른 금융 상품을 계약했었다. 최선의 선택이라 판단했지만, 시간과 노력이 많이 들어가는 작업인 것만은 틀림 없었다. 일반적으로 첫 번째 프로젝트 수행 결과가 만족스럽다면 계약을 연장하거나, 유사 프로젝트를 진행할 때 기존 파트너에게 우선권을 준다. 기업 입장에서는 파트너 능력을 이미 검증했기 때문에 후보자들을 검토하는 데 들어가는 시간과 노력을 아낄 수 있다. 따라서 첫 번째 프로젝트를 추진할 때 최적의 금융기관을 선택해 지속적으로 좋은 관계를 유지할 수 있다면 기업은 유사 프로젝트를 진행할 때마다 최적의 파트너를 찾다가 들어가는 시간과 노력을 아낄 수 있다.

화사 그룹이 프로젝트마다 파트너를 바꾼 이유에는 파트너 선정 기준이 없었다는 것도 한몫했다. 프로젝트마다 입맛에 맞춰 기준을 바꾸기도 했다. 어떨 때는 이자율이 우선 순위였고, 어떨 때는 금융기

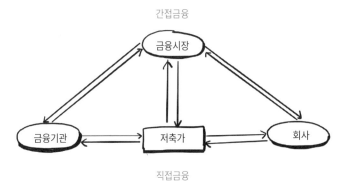

[그림 2-1: 금융중개기능 개괄 (출처: International Monetary and Financial Economics)[3]]

관의 건전성을 최우선 가치로 보기도 했다.

기업 입장에서는 처음부터 양질의 파트너를 선정하는 작업이 무척 중요하다. 양질의 금융 서비스 파트너를 선택하려면 파트너 선정 기준을 만드는 데 공을 들여야 한다. 최적의 금융 서비스 파트너를 선정하는 기준에는 여러 가지가 있다. 하지만 최우선적으로 고려해야 할 요소는 아마도 거래 파트너의 재무 건전성이 아닐까 싶다.

거래 파트너의 재무 건전성을 파악하려면 신용등급, 안전성, 수익성 등을 점검해야 한다. 신용등급은 외부평가기관이 시장에 공급하는 자료들을 참조해보면 알 수 있다. 안전성은 BIS 자기자본비율이나 무수익여신비율, 부채비율(총부채/자기자본), 유동비율(유동자산/유동부채) 등을 고려해 종합적으로 판단하도록 한다. 수익성은 거래 파트너가 최근 3 ~ 5년간 달성한 총자산수익률(ROA)과 변화 추세 등을 복합적으로 검토해 판단한다. 거래 파트너의 재무 건전성을 파악하

3: International Monetary and Financial Economics, Joseph P. Daniels & David D. VanHoose, Pearson, 2012

구 분		금융기관명
중앙은행		한국은행
통화금융기관	일반	시중은행, 지방은행, 외국은행 국내지점
	특수	중소기업은행, 농업협동조합, 수산업협동조합
비통화금융기관	개발기관	한국산업은행, 한국수출입은행
	투자기관	종합금융회사, 자산운용회사, 증권금융회사
	저출기관	상호금융, 신용협동조합, 새마을금고, 체신예금
	보험기관	생명보험회사, 손해보험회사, 체신보험
기타기관	증권관련기관	증권회사
	신용보증기관	신용보증기금, 기술신용보증기금
	여신전문기관	할부금융회사, 리스회사, 신기술사업금융회사, 신용카드회사
	기타	선물회사, 자금중개회사

[표 2-1: 금융 중개 기관의 종류 (출처: 금융 SCM)[4]]

는 세부 기준을 확립한 이후에는 기준별 가중치를 결정한다. 가중치는 기업에 따라 또한 사업 환경에 따라 달라질 수 있다. 가중치를 결정한 이후에는 기준별 평가 점수에 가중치를 곱해 재무 건전성을 파악하는 최종 평가 점수를 산출한다.

4: 『금융 SCM』, 김수욱, 한경사, 2013

자기자본 비율^{BIS}

아래 내용은 한국은행에서 제공하는 온라인 경제교육 사이트에서 발췌했다. 자기자본비율은 국제결제은행(Bank for International Settlements, IBS)이 표준으로 제시한 방법에 근거해 계산하기 때문에 자기자본 비율(BIS)이라 불린다. 자기자본비율은 다음과 같이 계산된다.

BIS 자기본비율 = 자기자본/위험가중자산 X 100

자기자본은 은행의 총자산 중 부채를 뺀 나머지다. 위험가중자산은 총자산에 자산의 위험 정도에 따라 각각의 위험가중치를 곱한 후 합산한 값이며, 위험가중치는 금융 자산에 따라 값이 미리 정해져 있다.

이 계산식은 다음과 같이 이해할 수 있다. 현금이나 국채 등 리스크가 전혀 없는 자산은 위험가중치가 0% 혹은 그에 근접한다. 따라서 안전자산에 투자한다면 BIS 자기자본비율은 증가한다. 반대로, 주식이나 부도 위험이 존재하는 채권에 대한 투자는 위험가중치가 50% 이상이다. 이 경우 위험가중자산이 증가하므로 BIS 자기자본비율은 감소한다. 또한 자기자본을 많이 보유하고 있을수록 BIS 자기자본비율은 증가한다. 따라서 BIS 자기자본비율이 큰 은행은 안전자산과 자기자본을 많이 보유하고 있으며 재무 건전성이 높다고 할 수 있다.

무수익여신 비율

무수익여신(non-performing loan)은 금융기관의 부실대출금액
과 부실지급보증액을 합친 개념으로 돈을 회수할 가능성이 적은
부실 채권을 의미한다. 보통 90일 이상 연체됐거나 혹은 90일 이
하로 연체됐더라도 파산 등으로 전액 상환이 어려워졌다면 무수
익여신으로 분류한다.

무수익여신= 부실대출금액+ 부실지급보증액

무수익여신 비율이 증가했다는 것은 상환이 어려운 부실 채권
비중이 커지고 관련 리스크가 증가했다는 의미다. 일반적으로
신용평가사는 무수익여신비율이 1% 미만인 은행을 AAA 등급
으로 평가하고 있다.

총자산수익률(ROA)]

총자산수익률은 총자산에서 당기순이익이 차지하는 비중을
의미한다. 손익계산서에서 세금 차감 후 순이익을 평균총자산으
로 나눔으로써 구할 수 있다. 여기서 평균총자산이란 기초의 총

자산과 기말의 총자산을 더한 후 2로 나눈 값을 의미한다.

총자산수익률(ROA) = 세후순이익/평균총자산

총자산수익률이 높다는 것은 보유한 자산에 비해 이익이 많다는 것을 의미하기 때문에, 자산을 기준으로 볼 때 수익성이 높다는 뜻이다. 또한, 총자산은 자기자본과 타인자본을 합한 총자본과 동일하기 때문에 총자산이익률은 주주의 돈과 은행에서 빌린 돈 등을 모두 활용해 얼마만큼 수익을 올렸는지를 나타낸다.

화사 그룹은 금융 파트너 풀(pool)을 선정하는 기준을 표 2-3과 같이 정하고 이들 풀에 속하는 금융기관들이 제시하는 세부 조건(차입금액, 이자율)을 비교하여 최종 파트너를 선정하기로 했다.

두 번째 파트너 선택 - 공급자

전략적 공급자 선정은 전통 공급망 관리에서 가장 공들여 연구한 주제다. 기업의 공급망에 최적화된 공급자 선정 프로세스는 기업의 핵

27: 매일경제 경제용어 사전 참조

항목	세부 지표	가중치	충족 기준(예시)
신용도	외평사 신용 등급	0.1	AA 이상
안전성	BIS 자기자본 비율	0.1	10% 이상
	무수익여신 비율	0.1	1.5% 이하
	부채비율	0.1	1.0 이하
	유동비율	0.1	2.0 이상
수익성	총자산수익률(ROA)	0.1	0.8% 이상
	수익률 변화 추이	0.1	하락 추세인 경우 제외
	미래 잠재 수익률	0.1	정성적 판단이 필요 미래 성장을 위한 충분한 투자가 이루어지고 있다고 판단할 경우 충족
신뢰도	동일 거래 수행 경험	0.1	수행 경험이 있을 경우 충족
	대외적 명성	0.1	업계에서의 부정적 평판이 없을 경우 충족

[표 2-2 화사그룹 금융기관 풀 구성 기준]

심 경쟁력이다. 하지만 이같은 공급자 선정 프로세스를 구축하려면 매우 다양한 요소를 고려해야 하기 때문에 상당히 복잡하고 일반화하기 결코 쉽지 않다. 화사 그룹은 전통적 공급망 관리 분야에는 강점을 갖고 있었기 때문에 그들의 기준을 참고해보면 큰 도움이 될 것이다. 화사 그룹은 전략적 공급자를 선택하는 기준으로서 가격, 품질, 납기준수능력 등을 제시했다. 또한 공급자를 지속적으로 믿고 함께 협력할 수 있는가 여부, 즉 상호 신뢰성을 매우 강조했다. 이 외에도 많은 기준을 제시했는데, 이를 종합해 전략적 공급자 선정의 핵심 기준을 다음과 같이 정리해보았다[5]. 제시 순서는 각 항목의 중요도와는 상관이 없다. 각 기업은 다음에 항목에 적합한 가중치를 부여해 사용하면 된다.

(1) 품질

공급자 선정 시 제일 먼저 고려하는 항목이다. 공급자가 납품하는 제품의 품질은 구매기업의 완제품 품질에 직접 영향을 미친다. 공급 제품의 품질은 구매기업에서 요구하는 품질 기준을 '지속적으로' 만족해야 한다. 공급기업이 적절한 품질인증 프로세스를 갖추고 있는지, 또한 식스 시그마 등의 품질경영 방법론을 사용하고 있는지 여부를 함께 고려하면 좋다.

(2) 제품 기술과 공정 기술

최신 제품·공정 기술을 보유했는지 여부도 핵심적인 공급자 선정 기준이다. 양질의 제품을, 빠르게 생산할 수 있는 공정 기술을 보유하고 있으며, 연구 개발을 통해 신제품을 개발하고 이를 지속적으로 업데이트할 수 있는 능력이 있는지 여부를 고려해야 한다.

(3) 원가

원가가 공급자 선정의 유일한 기준이 되어서는 안 되지만 가장 중요한 기준 중 하나임은 분명하다. 단순히 제품 한 개당 가격 외에도 주문비, 물류비, 지불 기간 유예로 인한 기회 비용, 현금할인율 등을 복합적으로 고려해 공급자별 예상 원가를 산출해야 한다.

5: Principles of Supply chain Management : A Balanced Approach -, Joel D.Wisner 외 2인, CENGAGE Learning, 2012

(4) 생산 능력

구매기업의 주문량이 크다면 공급자가 충분한 생산 능력을 보유하고 있는지 여부를 반드시 고려해 한다. 특히 공급자의 주문량이 시기별로 달라지는 경우(예를 들어 계절별로 다른 수요를 가지는 경우), 가장 많은 주문량을 공급자가 소화할 수 있는지 그 능력을 살펴봐야 한다. 만일 공급자의 적시 공급 여부가 완제품 품질과 직결된다면 공급자를 선정하면서 생산 능력 항목에 대한 가중치를 더욱 높일 필요가 있다.

(5) 입지

공급기업의 공장·물류 센터 위치는 배송에 소요되는 시간과 물류 비용에 직접적인 영향을 미친다. 공장·물류 센터 위치는 갑작스러운 주문 변동이 발생한 경우 공급자가 신속하게 대응할 수 있는지 여부와도 밀접한 관련이 있다.

(6) 주문 시스템과 배송리드타임

주문 시스템 및 배송리드타임은 해당 공급자와 거래하는 것이 얼마나 편리하고 효율적인지 알려주는 지표다. 만약 공급자가 전자주문 시스템을 갖추고 있다면 필요할 때마다, 추가 비용 없이 주문 발송을 할 수 있다. 전자주문 시스템에는 별도의 행정처리비용이 들지 않는다. 주문 발송 후 제품 도착까지 소요되는 시간(배송리드타임)이 짧다면 제품이 필요한 시기에 최대한 근접해 주문을 발주할 수 있다. 구매

기업은 재고 수준을 높게 유지할 필요가 없다.

(7) 기술과 정보 공유 의지

공급자와의 장기적 파트너십 구축에 관심이 있다면 공급자가 자사의 기술과 정보를 공유하려는 의지가 있는가를 고려해야 한다. 공급자와의 정보·기술 공유가 가능하다면 구매기업의 제품 설계 단계부터 공급자의 적극적 참여가 가능하고 이를 바탕으로 제품생산공정 및 제품 디자인을 효과적으로 설계할 수 있다. 장기적 파트너십을 맺고 공급기업과 구매기업 모두 자신의 핵심 역량에 집중할 수 있기 때문에 경쟁력 있는 공급망이 구축될 것이다.

(8) 서비스

서비스는 공급기업이 신속하고 유동적인 A/S를 제공할 수 있는가를 의미한다. 예상치 못한 품질 문제가 발생했다든지, 혹은 제품 사양에 긴급한 변화가 발생했다고 상상해 보자. 공급기업의 문제·변화 대응 능력, 특히 변화된 사양에 맞춰 신속하게 제품을 다시 제공할 수 있는지 여부가 전략적 공급자를 선택하는 데 아주 중요한 기준이 된다.

+F 전략은 이와 같은 전통적 공급자 선정 기준에 더해 공급자의 재무 건전성 및 신용도를 함께 고려할 것을 요구한다. 앞에서 살펴보았듯이 화사 그룹이 전통적 공급망 관리를 잘해놓고도 ㈜최고생산설비 사이에 문제가 발생한 이유가 바로 이것이었다. 거래 공급기업의

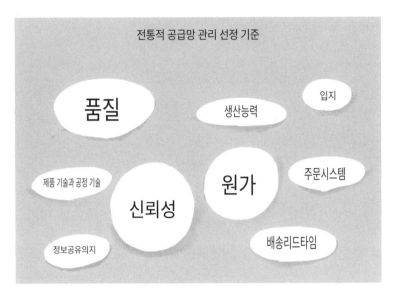

[그림 2-2: 전통적 공급망 관리 공급자 선정 기준]

재무 건전성을 평가하는 방법에는 여러 가지가 있다. 기업의 현재 재무 건전성을 파악하려면 지금까지의 기업 실적을 분석해 본다. 재무제표를 가지고 다양한 재무 비율을 분석해보면 현 재무 건전성을 이해할 수 있다. 기업의 미래 재무 건전성을 평가할 때는 기업의 매출/수익 변화 추세, 시장 환경 변화 및 기업 역량 등을 종합적으로 고려한다. 기업의 담보 제공 능력을 살펴보는 것도 기업 재무 건전성을 파악하는 데 도움이 된다. 금융기관은 기업의 신용도에 따라 차입을 제공하는 수준을 결정한다. 마찬가지로 구매기업도 거래 공급기업의 신용도 및 재무 건전성에 따라 거래 규모를 조정함으로써 거래 안정성을 높힐 수 있다.

구매기업들은 외부신용평가기관의 신용 평가 보고서나 자체적인 검증 과정으로 공급기업의 신용도를 판단할 수 있다. 만약 거래 기업의 신용도를 신용 등급의 형태로 계량할 수 있게 만든다면 훨씬 관리가 용이할 것이다. 신용 등급은 기업이 자체적으로 산출할 수도 있지만 외부신용평가기관가 평가한 등급을 활용하는 쪽이 보다 효율적이다. 신용평가기관은 기업이 발행한 개별 채무 증서의 신용도를 판단할 뿐 아니라 채무를 발행한 발행인의 신용 등급도 결정한다. 일반적으로 신용평가기관의 평가는 매우 신용성이 좋은 등급부터 파산할 확률이 아주 높은 등급까지 분포한다. 하위 등급에 있는 기업은 이보다 상위 등급에 속한 기업에 비해 신용도가 떨어진다고 평가된다. 대표적인 신용 등급 제공 기관인 무디스(Moody's)와 S&P(Standard and Poor's), 피치 레이팅스(Fitch Ratings)의 신용 평가 등급은 표 2-3과 같다.

무디스, S&P 및 피치 레이팅스는 세계3대 신용평가 기관으로 불린다. 이들이 제공하는 신용평가등급은 금융 시장에서 채무관련 상품을 거래할 때 제공 자료로 사용된다. 표에서 보이듯이 평가 등급은 크게 투자 등급과 투기 등급으로 구분된다. 투자 위험이 크고 원금및 이자 회수 가능성이 낮을수록 투기 등급으로 평가된다.

국내에도 기업의 신용 등급을 평가하는 외부신용평가기관이 여럿 있다. 각각의 신용평가기관은 기업의 신용 등급을 평가하는 고유한 계량 평가 모델을 가지고 있다. 만약 기업이 자체적으로 거래 파트너의 신용 등급을 평가할 역량이 없다면 외부 기관에서 제공하는 공신력 있는 평가 등급을 이용하는 편이 매우 효과적이다. 전문적인 외부신용평가기관이 제공하는 객관적 신용 정보를 가지고 잠재적 거래

구분	순위	등급	등급 내용
투자 적격 등급	1	AAA	신용 상태 최상
	2	AA+	신용 상태 우수
	3	AA	
	4	AA-	
	5	A+	신용 상태 양호
	6	A	
	7	A-	
	8	BBB+	신용 상태 적절
	9	BBB	
	10	BBB-	
투자 주의 등급	11	BB+	투자 주의 대상
	12	BB	
	13	BB-	
	14	B+	
	15	B	
	16	B-	
	17	CCC+	
	18	CCC	
	19	CCC-	
투자 부적격	20	CC	신용 상태 불량

[표2-3: S&P 신용 등급 (출처: 위키피디아)]

구분	순위	등급	등급 내용
투자 적격 등급	1	AAA	신용 상태 최상
	2	Aa1	신용 상태 최우수
	3	Aa2	
	4	Aa3	
	5	A1	중간등급 신용 상태
	6	A2	
	7	A3-	
	8	Baa1	신용 상태 적절
	9	Baa2	
	10	Baa3	
투자 주의 등급	11	Ba1	약간의 투자 위험 투기 등급 낮음
	12	Ba2	
	13	Ba3	
	14	B1	중간의 투자 위험 투기 등급 중간
	15	B2	
	16	B3	
투자 부적격	17	Caa1	매우 높은 투자 위험 투기 등급 높음
	18	Caa2	
	19	Caa3	
	20	Ca	가까운 시일 내 부도 투기 등급 매우 높음
	21	C	파산 상태 원금 및 이자 회수 거의 불가능

[표2-4: 무디스 신용 등급 (출처: 위키피디아)]

구분	순위	등급	등급 내용
투자 적격 등급	1	AAA	신용 상태 최상
	2	AA	신용 상태 우수
	3	A	투자 위험 발생 가능성 낮음
	4	BBB	신용 상태 적절
투자 주의 등급	5	BB	투자 위험 발생 가능성 있음
	6	B	투자위험 상존
	7	CCC	상환불능 가능성 있음
투자 부적격	8	CC	상환불능 가능성 높음
	9	C	상환불능상태 직면
	10	DDD	상환불능상태
	11	DD	
	12	D	

[표2-5: 피치 레이팅스 신용 등급 (출처: 위키피디아)]

파트너의 신용도와 부도 위험성을 판단해 볼 수 있다.

구매기업은 재무 건전성과 신용도를 바탕으로 앞으로 신뢰를 쌓을 만한 공급기업을 선택할 수 있다. 기본적으로 신뢰란 '얼마나 파트너를 믿고 함께 사업을 영위할 수 있는지'를 의미한다. 공급기업이 재무적으로 튼튼하다는 확신이 없으면 장기적인 제품 설계 및 생산에 대한 논의는 애초부터 이루어지기 어려울 것이다. 공급자 개발을 위한 추가 노력이나 장기적 파트너십 구축도 불가능할 것이다. 때문에 공급기업의 신용도와 재무 건전성을 파악하는 일은 장기적 파트너십에 필요한 상호 신뢰를 구축하는 첫걸음이라고 볼 수 있다.

세 번째 파트너 선택 - 구매자

+F 전략에서는 수익성 높은 구매자를 골라내는 작업도 중요하다. 기업은 현재 어떤 구매자가 더 가치 있는 고객인지, 장기적으로 어떤 구매자가 더 가치 있는 고객이 될 것인지 판단해야 한다. 수익성 높은 구매자를 골라내려면 먼저 구매자 집단을 분류해야 한다. 자사 제품의 타깃 구매층을 구매 패턴이 뚜렷히 구분되도록 몇몇 집단으로 분류해 본다. 이같은 구매 고객 분류를 마케팅 분야에서는 시장 세분화(market segmentation)라고 말한다. 〈동아비즈니스리뷰(Donga Business Review, DBR)〉에 2010년 게재된 'B2B 시장에도 고객세분화는 樂이다[6]'라는 기사에 따르면 시장 세분화란 이질적인 전체 시장을 비슷한 특성을 가진 몇 개의 고객 집단으로 그룹 짓는 것을 의미한다. 마케팅 담당자 입장에서는 구매 고객 집단이 세분화돼 있으면 차별화된 프로모션 전략을 펼칠 수 있기 때문에 시장 세분화가 무척 중요하다. 보통 두 가지 종류의 시장 세분화가 가능하다. '거시적 시장 세분화'는 구매자의 지리적 위치, 구매 규모 및 구매 빈도 등 거시적 특성에 따라 분류하는 것이다. '미시적 시장 세분화'는 기술력, 품질 등 구매자의 세부적 특성을 바탕으로 분류하는 것이다. 표 2-6은 철강 제품 생산 및 포장 자동화 설비를 생산하는 시그노드(Signode)사가 수행한 시장 세분화 예시다.

구매자 집단을 분류한 이후에는 각각의 구매자 집단의 과거 거래

6: B2B 시장에도 고객세분화는 樂이다, 한상린, DBR, 2010. 07

세분 시장	규모(백만 달러)	특성 및 주요 구매 기준
일상적 고객 (Programmed Buyers)	6.60	가격이나 서비스에 큰 관심이 없고 일상적으로 구매가 이루어짐. 구매 자체가 기업 운영에 크게 중요하지 않음.
관계적 고객 (Relationship Buyers)	31	시그노드와의 지속적인 거래 관계를 중요하게 여기며 무리한 가격이나 서비스를 요구하지 않음. 구매하는 제품이 기업 운영에서 중요함.
거래적 고객 (Transaction Buyers)	24	가격과 서비스와의 관계를 신중하게 고려하며, 서비스보다는 가격을 좀더 요구함. 구매하는 제품이 기업 운영에서 중요함
가격지향적 고객 (Bargain Hunters)	23	보통 대량으로 구매하며 가격과 서비스 수준의 변화에 매우 민감함. 구매하는 제품이 기업 운영에서 중요함.

[표 2-6: 시그노드사의 시장 세분화 예시 (출처: DBR 인용 내용을 재인용함)[7]]

이력과 패턴을 분석해 과연 이 구매자 집단이 장기적으로 가치 있는 고객군이 될 수 있을지 판단한다. 각각의 구매자 집단이 성장할 수 있는지, 비전이 있는지, 우리 기업에 얼마나 의존하지 등을 종합적으로 고려해 우리에게 미래 가치를 가져다주는 구매자인지를 판단한다. 가치 있는 구매 고객군을 찾아낸 이후에는 이들을 주거래 대상으로 정하고 거래를 유지하고 확장하려는 노력을 기울인다.

　+F 전략에서는 구매기업을 선택할 때에도 적극적으로 재무 데이터를 활용하라고 권장한다. 기업간 B2B 거래의 경우, 구매기업의 신용도 및 재무 건전성을 구매자 선정을 위한 주요 판단 기준으로 활용한다. 구매기업의 재무제표 및 재무비율, 예를 들면 매출액과 비용, 영업 이익 등을 참고하고, 특히 최근 수년간의 데이터를 비교하여 향후 성장 잠재력을 분석한다. 외부신용평가기관에서 제공하는 구매기업 신용 등급은 구매자가 부도 없이 거래 대금을 상환할 수 있는지를 가늠하는 핵심 고려 사항이다.

7: 원출처는 다음과 같다. 'Segmenting Customers in Mature Industrial Markets', Rangan, Moriarty and Swarts, Journal of Marketing, 1992. 10

2장 전략적 파트너십

　좋은 파트너를 선별하는 것도 중요하지만 좋은 파트너와 관계를 지속하는 것도 그에 못지않게 중요하다. 1장에서 논의한 파트너 선택 기준에 따라 좋은 파트너가 선택됐다면 이들과의 파트너십을 어떻게 강화할 것인지 고민할 차례다.

　전통적 공급망 관리에서는 공급자를 거래 상대로만 보던 관점에서 탈피해 **장기적 파트너십**을 체결하라고 권장한다. 특히 높은 수준의 제품 커스터마이제이션(customization)이 필요하고 완제품과 직결되는 제품을 납품하는 공급자와는 장기적 파트너십 구축이 필수라고 주장했다. 기업 간 장기적 파트너십을 구축하려면 비전 공유, 공동 이익 추구, 최고경영층의 적극적 지지가 있어야 할 뿐 아니라 상호 정보 공유가 원활히 이루어져야 한다[8].

8: 공급사슬관리, Joel D.Wisner 외 2인, CENGAGE

장기적 파트너십에 대한 요구는 1980년대 일본 제조 기업이 성공하자 거세지기 시작했다. 예를 들어, 도요타(Toyota)는 핵심 자동차 부품 업체와 장기적 파트너십을 구축하고 공급자 개발(supplier development)에 많은 노력을 기울였다. 장기적 파트너십에 기초한 덕분에 도요타는 가파른 성장을 이루어낼 수 있었다. 아직까지 많은 기업이 장기적 파트너십 전략을 선호한다. 최근에는 마이크로소프트(Microsoft)가 중국 전자기기 제조업체인 샤오미(Xiaomi)와 장기적 파트너십을 체결했다. 마이크로소프트는 1,500건의 특허를 샤오미에게 건내주는 대신 자신의 소프트웨어를 샤오미 휴대폰과 태블릿 PC에 설치할 권리를 얻었다. 샤오미는 특허권을 확보함으로써 해외 시장 경쟁력을 강화했고, 마이크로소프트는 샤오미의 PC·휴대폰 고객에게 쉽게 접근할 경로를 얻게 됐다[9].

하지만 모든 경우에 장기적 파트너십이 최선인 것은 아니다. 화사 그룹은 최근 사업을 확장하며, 중국의 유통회사인 '상생집단'과 브랜드 유통 계약을 맺었다. 그리고 생산 설비 공급사인 ㈜최고생산설비도 있고, 원재료를 공급해주는 전통적 거래처인 '한국원료'도 있다. 이들과의 관계를 지속해 나갈지를 고민하기 시작했다.

이에 +F 전략에서는 공급자들과 상황에 맞는 '전략적' 파트너십을 구축하라고 강조한다. 공급자가 특정 기술에 대한 특허권이나 뛰어난 R&D 역량을 보유했다면 장기적 파트너십을 통해 여러 이점을 얻을 수 있다. 혹은 공급자가 특정 시장에서 독보적 점유율을 차지하고 있거나, 강력한 브랜드 파워를 구축한 경우에도 장기적 파트너십은 효과적이다. 하지만 제품과 시장 특성에 따라 다른 유형의 공급자 관계가 효과적인 경우도 있다. 예를 들어 커스터마이제이션(Customization)이 별로 필요 없는 표준화 제품 시장에서는 오히려 장기적 파트너십이 효율성을 저해한다. 표준화 제품 시장에서는 기존 거래 공급자가 제공하는 제품과 동일한 제품을 생산하는 경쟁업체가 다수 존재한다. 기존 공급자와의 거래에 문제가 발생한 경우 빠르게 다른 대체 공급자를 찾는 편이 효과적이다. 하지만 장기적 파트너십을 구축했다면 기존 공급자에 문제가 있다 하더라도 미리 투자한 금액과 계약 때문에 쉽사리 다른 공급자로 전환하기가 쉽지 않다.

견제적 공급자 관계(arm's length relationship)는 공급자와 구매자가 독립적으로 거래해 깊은 관계를 맺지 않는 관계다. 거래에 관련되는 두 이익 집단이 오로지 그들 자신의 이익에만 기초해 거래를 진행하는 관계를 의미한다. 견제적 거래 관계에서는 파트너에게 지출한 매몰 비용의 규모가 작으므로 상대방에 대한 충성도가 낮다. 견제적 공급자 관계에서의 핵심 요소는 거래 상대방이 제시하는 가격이며 거래 지속 기간은 짧다. 거래하는 제품이 고도로 표준화돼 있고 생산에 필요한 기술도 일반화된 경우에는 견제적 공급자 관계를 맺는 것이 효과적이다. 이같은 시장에서는 구매자가 원하는 부품이나 원료를 제공하는 공급자를 쉽게 찾을 수 있기 때문에 장기적 파트너십을 맺는 편이 유리한 기회를 선점하는 데에 오히려 걸림돌이 될 수 있다.

9: MS, 샤오미에 특허 판매 통한 장기적 파트너십 구축키로, REUTERS, 2016. 6. 1

견제적 공급자 관계와 장기적 파트너십이 모두 효과적으로 작용하지 않는 경우도 존재한다. 예를 들어 제품 생산에 필수지만 높은 수준의 기술을 요구하지 않는 부품을 제공하는 공급자를 생각해 보자. 이들과 장기적 파트너십을 구축하는 것은 매력적이지 않다. 제품 생산에 필요한 기술이 놀라운 하이테크(high-tech)가 아니기 때문에 유사 제품을 제공하는 기업을 비교적 쉽게 찾을 수 있다. 하지만 견제적 거래 관계를 유지하기에는 리스크가 있다. 만약 공급자에 문제가 발생한다면 완제품 생산에 미칠 영향이 결코 작지 않기 때문이다. 이 공급자가 제공하는 부품은 제품 생산에 필수적이고, 여유 재고가 없다면 대체 공급자를 찾기까지 제품 생산에 차질이 생긴다. 이러한 관계를 위해 등장한 것이 '**장기적 견제적 거래 관계**(Durable Arm's-length relationship)'다. 장기적 견제적 거래 관계는 단순 거래 관계와 전략적 파트너십의 중간 정도로 생각할 수 있다. 장기적 관계 구축을 염두에

두지만 공급자와 일정한 거리를 유지해가며 공급자에게 과도한 투자를 하지 않는다. 장기적 견제적 거래 관계에서는 하나의 공급자에 의존하지 않고 공급자를 다변화해 공급자 간의 경쟁을 유도한다. 일반적으로 견제적 거래 관계는 단기 관계이기 때문에 장기적 견제적 거래 관계라는 말은 모순으로 들린다. 일정 수준의 상호 투자와 정보 공유 등 장기적 특징이 일부분 가미된 견제적 거래 관계 정도로 생각할 수 있다.

공급자 관계와 관련하여 유명한 연구 중 하나는 인시아드(INSEAD) 대학교 교수인 벤 벤재유(Ben M. Bensaou)가 수행한 '구매자-공급자 관계 포트폴리오(Portfolios of Buyer-Supplier Relationships)[10]'다. 벤재유는 '거래특유자산'이라는 개념을 사용해 구매자-공급자 간 관계를 설명했다. '거래특유자산'이란 특정 공급자와의 거래하려고 투입한 자산이다. 거래특유자산은 특정 공급자/구매자와 거래하려고 투자한 자산이기 때문에 이들과 거래하지 않는다면 아무런 가치가 없는 매몰 비용이 된다. 거래특유자산의 비중이 높다면 매몰 비용에 대한 부담이 커져 공급자를 교체하기 어려워진다. 따라서 기업의 거래특유자산 정도에 따라 상대방에 대한 종속도가 달라지며 두 기업이 맺는 관계 역시 달라진다.

벤재유 교수는 2×2 매트릭스를 사용해 공급자·구매자 관계를 분류했다. 그림 2-3에서 볼 수 있듯이 거래특유자산에 공급자와 구매

10. Portfolios of Buyer-Supplier Relationships, M.Bensaou, MITSloan Management Review, 1999

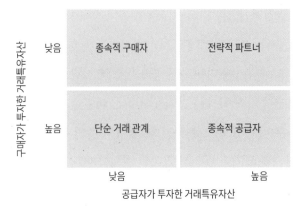

[그림2-3: 공급자 분류 2×2 매트릭스 (출처: 구매자-공급자 관계 포트폴리오)]

자 모두 크게 투자했다면 장기적·전략적 파트너십을 맺는다. 공급자나 구매자 중 어느 한쪽의 투자 규모가 다른 쪽의 투자 규모를 상회하는 경우에는 종속적 구매자 혹은 종속적 공급자 관계를 체결한다. 거래특유자산 투자 정도가 미미하다면 단순 거래 관계를 맺는다. 만약 종속적 구매자(captive Buyer), 혹은 종속적 공급자(captive supplier)처럼 한쪽으로 일방적으로 치우친 관계가 형성된다면 공급자-구매자 관계가 장기적으로 유지되기 어렵다.

+F 전략에서 구매자 관리는 수익성 있는 고객과의 장기적 관계를 구축하는 것이 주요 목적이다. 기업은 자신들이 구매자의 가치를 증대시키는 핵심 공급자가 돼 지속적인 수요가 확보되기를 원한다. 좋은 공급자를 찾고 개발하려고 노력하는 만큼, 자신도 좋은 공급자가 돼 수익성 있는 구매자와의 관계를 계속적으로 유지하려고 노력한다. +F 전략에서의 구매자 관계 관리는 '구매자 관계 형성', '구매자

화사 그룹이 구매자가 투자한 거래특유자산	낮음	종속적 구매자 화사 그룹이 장기간 거래를 염두에 두고 투자한 디자인 업체 중요 설비 업체	전략적 파트너 특수 원료 제공 업체 고급 화장품 패키지 디자인 업체/ 디자이너 중요 생산설비 제공 업체
	높음	시장 거래 관계 생산시설 유지보수 부품 제공업체	종속적 공급자 세탁용품, 일반화장품 용기 제공 업체 일반 원료 제공 업체
		낮음	높음
		공급자가 화사 그룹에 투자한 거래특유자산	

[그림 2-3: 공급자 분류 2×2 매트릭스에 적용한 화사 그룹의 파트너사]

관계 유지', '구매자 관계 강화'로 이루어진다[11].

먼저 구매자 관계 형성은 수익성 높은 구매자들을 분류해 인센티브를 제공하고 적합한 제품을 적합한 시점에 공급함으로써 신뢰를 쌓는 과정이다. 기업이 가치 있는 구매 고객군을 분류할 수 있다면 이들의 특성을 파악해 효과적인 프로모션을 진행할 수 있다. 가치 있는 구매자와의 관계가 형성된 이후에는 이를 유지하는 데 힘을 쏟는다. 가치 고객과의 관계가 유지되는 동안 기업은 안정적인 수익을 얻을 수 있다. 한 번 형성된 고객과 관계를 유지해야 하는 가장 중요한 이유는 비용이다. 일반적으로 관계가 오래될수록 고객으로부터 거둘 수 있는 수익성은 증가하지만 추가로 소요되는 비용은 감소한다. 때문에 일정 규모 이상의 고객층이 확보됐다면 신규 구매자를 유치하려는 노력 못지 않게 기존 구매자와의 관계를 유지하려는 노력을 기

11: 물류 및 공급사슬관리의 전략적 이해, 김재일 외 3인, 2009

울여야 한다. 마지막으로 구매자와의 관계를 강화하는 과정이다. 구매자와의 관계 강화는 수익에 기여하는 바가 높은 우량 구매자를 선별해 충성도를 높이는 활동을 펼치는 것을 말한다. 파레토 법칙이 설명하듯, 수익 대부분은 소수의 구매자로부터 발생한다. 어떤 기업은 이같은 사실을 깨닫지 못하고 신규 구매자 확보에만 관심을 기울이거나 모든 구매자에게 동일한 프로모션을 제공하다가 우량 구매자의 이탈을 방치한다. 우량 구매자가 이탈하면 기업 수익에 막대한 영향을 미치기 때문에 우량 구매자의 충성도를 강화하고 지속적으로 관계를 유지하고자 특별한 방안을 강구한다. 백화점들이 펼치고 있는 VVIP 특별 행사나 이벤트를 떠올리면 쉽게 이해된다[12].

금융 파트너와의 관계 유지도 비슷하게 접근할 수 있다. 상황에 맞는 장기적 파트너십/견제적 공급자 관계/장기적 견제적 거래 관계로 구분해서 관계를 구축할 수 있다. 먼저 기업에 필요한 금융 서비스를 제공할 수 있는 잠재적 거래 파트너들을 골라낸다. 이들이 제공하는 금융 서비스의 장·단점을 꼼꼼히 비교해 보고 잠재적 파트너의 재무건전성 및 신용도를 점검한다. 파트너의 능력이나 재무제표 외에도 업계에서의 평판이나 이미 해당 금융기관과 프로젝트를 진행해 본 다른 기업의 경험을 조사해볼 필요가 있다. 수익률 측면에서도 재무제표에 기록된 수익률 외에도 미래 비전이나 향후 전망 등을 고려한

12: 국내 백화점들은 VVIP만을 위한 행사와 이벤트를 적극적으로 펼치고 있다. 와인 시음회, 음악회 또는 신제품 론칭 행사에 대한 초대는 물론이고, VIP만을 위한 라운지 운영, 주차 대행, 무료 세차, 명절 및 생일 선물 제공 등의 혜택을 제공하고 있다. VIP 고객의 기준은 백화점마다 상이하지만, 대부분 연간 구매액에 따라 등급이 결정된다. (이쯤 돼야 '황후 쇼핑' - 백화점 먹여살리는 VVIP '입 벌어지는 혜택', NEWSIS, 2016. 10. 12)

미래 잠재 수익률을 평가해야 한다. 전략적 파트너십을 체결하는 편이 효과적으로 보이는 파트너가 있다면, 기업 비전을 공유하고 일정 기간 협업을 진행해 본다. 한두 건 프로젝트를 진행한 다음 파트너십의 효과가 확실하다면 장기적 파트너십 체결을 검토하고 의견을 교환한다. 만약 파트너 금융기관이 장기적 파트너십 체결에 동의한다면 적극적인 커뮤니케이션을 통해 공급망 전 분야에 걸친 협업을 추진한다.

상생경영

최근에는 공급망에 참여하는 파트너가 함께 성장하는 상생경영이 주목받고 있다. 상생경영은 전체 시장 규모를 먼저 키워 기업 활동에 참여하는 모든 이들이 함께 더 많은 것을 누리고자 하는 경영 전략을 의미한다. 2006년 초반 노무현 대통령과 재계 총수들이 '상생협력 간담회'를 가진 이후 주요 경영 전략 중 하나로 대두됐다[13].

공급자와의 상생협력을 추구하는 대기업 사례는 쉽게 찾아볼 수 있다. 삼성전자, 삼성디스플레이, 삼성SDI, 삼성전기, 삼성SDS, 삼성물산, 삼성중공업, 삼성엔지니어링, 제일기획 등 삼성의 9개 계열사는 2016년 3월 4,300여 개의 1, 2차 협력사와 '공정거래 협약'을 체결했다. 공정거래 문화를 확산하고 동반성장

13: 상생경영 -무한경쟁 시장의 새로운 비즈니스 패러다임-, 상생협력연구회, 2006

의 범주를 2차 협력사까지 확대하겠다는 것이 주요 내용이다. 삼성은 공정거래 협약을 통해 협력사와의 신기술 공동 개발을 추진하기로 했다. 협력사를 지원하는 핵심 내용 중 하나는 펀딩이다. 삼성은 2016년 협력사의 생산성 향상 및 기술 개발을 위해 약 9,815억원을 지원했으며, 총 77개사에 206건의 특허를 무상 양도했다[14].

두산중공업은 2016년 5월 상생경영 실현을 위한 '두산중공업 동반성장 컨퍼런스'를 개최했다. 두산중공업은 선순환적 파트너십 구축을 목표로 내걸었다. 선순환적 파트너십이란 두산중공업이 우선적으로 협력사의 경쟁력을 강화하는 노력을 기울이고 성장한 협력사들이 다시 두산중공업의 사업을 지지하면서 동반 성장을 추구해 나가는 것이다. 두산중공업은 성공적인 파트너십을 구축하고자 '협력사 경쟁력 강화 지원단'을 출범했다. 사내·외 100여 명의 상생경영 전문가로 구성된 협력사 경쟁력 강화 지원단은 협력사의 경영 상태를 전밀 진단하고, 장기적 파트너십 체결에 필요한 맞춤 전략을 제공할 것이다. 또한 퇴임 임원으로 구성된 '경영자문단'을 발족해 협력사를 대상으로 자문 서비스를 강화하고 있다. 두산인프라코어에서도 주요 부품을 국산화하고 신기종을 공동으로 개발하고자 협력사가 개발할 수 있도록 66건을 기술 지원했고, 다양한 교육 과정을 무상 제공하고 있다[15].

LS 그룹은 협력사에게 기술·정보를 지원하는 것은 물론 금전적으로도 적극적으로 지원하고 있다. LS 전선은 하나은행과 200

억 원씩 출자해 상생 협력 펀드를 조성해 협력사에게 저렴하게 대출 서비스를 제공한다. LS 전선은 신한은행과, LS 산전은 우리은행과 '상생파트너론'을 조성해 2, 3차 협력사도 대기업 신용을 이용하여 외상매출채권 담보대출이 가능토록 했다. 상생파트너론은 2, 3차 협력사들이 자금 유동성을 확보하는 데 큰 도움을 줄 것이다. LS엠트론은 기업은행과 40억 원 규모의 상생협력펀드를 조성해 협력사들이 우대 금리로 대출 서비스를 받을 수 있도록 도와주고 있다[16].

금융기관의 관계 관리 사례

기업들은 적절한 시기에 적절한 금융 서비스를 받으려면 금융기관과의 관계를 잘 유지할 필요가 있다. 반대로 금융기관 입장에서도 기업은 중요한 고객이기 때문에 한 번 거래를 시작한 기업을 잘 관리하고 장기적으로 파트너십을 유지할 필요가 있다.

때문에 국내 은행도 기업 고객들과의 관계를 강화하려고 다양하게 노력하고 있다. 우리은행은 2012년부터 우수 중소기업 425개를 5개 그룹으로 분류해 특화된 서비스를 제공하는 '우리 베스트 멤버스' 제도를 시행하고 있다. 각 그룹별 베스트 멤버로 선정된 기업에게는 비상 상황에서의 경영 안정을 위한 자금 지원, 우리은행의 전사적자

14: [국가경제 키우는 상생경영] 삼성 '협력사 발전 -> 삼성 경쟁력 향상' 생태계 구축, 헤럴드경제, 2016. 7. 29
15: 두산, 협력사 선순환 파트너십 구축 - 상생경영, 한국경제, 2016. 8. 1
16: LS, 펀드조성 및 금리우대 - 2,3차 협력사도 '윈윈', 헤럴드경제, 2016. 7. 29

원관리(Enterprise Resource Planning, ERP) 프로그램 3년간 무상 제공, 각종 은행 주최 행사 초청 및 수수료 면제 등의 서비스를 제공한다. 이같은 노력은 우량 기업 고객과의 관계를 강화해 지속적으로 우리은행의 금융 서비스를 이용하게 하기 위함이다.

이 외에도 우리은행은 약 2,000개 이상의 모든 거래 기업과의 관계를 강화하고자 '비즈니스 클럽' 제도를 운영한다. 비즈니스 클럽은 일종의 중소기업 간 친목 모임인데 우리은행은 모임을 주선하고 산업동향 등의 유용한 정보를 제공한다. 이같은 모임을 주최해 기존 고객과의 관계를 강화하고 고객의 니즈를 직접 파악해 신규 시장을 개척할 기회를 엿보고 있다.

기업은행은 우수 중소기업 CEO들을 대상으로 하는 'IBK 최고경영자클럽'과 경영인 2세와 젊은 창업인을 대상으로 하는 'IBK 미래경영자클럽'을 운영하고 있다. 이 클럽을 통해 기업은행은 우리은행과 마찬가지로 모임을 주선하고 유용한 경영 정보를 무상 지원함으로써 우수 고객을 관리하는 데 중점을 두고 있다. 기업은행은 2012년 금융권 최초로 중소기업 대출 100조 원을 돌파하는 등 빠른 속도로 기업 대출 시장에서 성장해가고 있다[17].

한국씨티은행도 거래 기업을 규모에 따라 중소기업/중견기업/국내대기업으로 분류해 차별화된 고객 서비스를 제공하고 있다. 한국씨티은행은 고도의 전문 지식을 겸비한 심사역(relationship manager)과 상품별 전문가(product manager)를 배정해 기업별로 맞춤형 금융 서비스를 제공한다. 또한 우수 고객 기업을 선정해 금리·수

수료 인하와 각종 간행물 무상 제공, 환율 및 금융상품 관련 유용한 경영 정보 제공, 세미나 및 각종 이벤트 초청 등을 서비스하면서 파트너십을 강화하려는 노력을 기울이고 있다[18].

최근에는 관계형 금융(relationship banking)이란 개념이 주목받고 있다. 관계형 금융은 금융기관이 기업과 오랫동안 거래하며 축적된 재무적·비재무적 정보를 토대로 차별화된 서비스를 제공하고 친밀한 관계를 형성하는 것을 의미한다. 관계형 금융은 독일의 하우스방크(Hause Bank)나 일본 금융기관의 주거래 제도 등에서 유래했다. 관계형 금융을 통해 금융기관과 기업은 장기적으로 협력 관계를 구축한다. 독일의 하우스방크 시스템에서는 금융기관이 직접 기업 지분을 소유해 경영에 참여하고 이익을 공유한다. 하우스방크 시스템에서는 기업과 금융기관이 공생 관계를 형성한다[19]. 일본의 주거래 은행제도에서는 주거래 관계를 맺은 기업과 은행이 '밀월'에 가까운 관계를 구축한다. 기업들이 금융기관과 주거래 관계를 맺으려면 금융기관의 엄격한 심사를 통과해야 한다. 금융기관은 기업의 신용도, 장래성, 사업 규모, 주변 평판 등을 종합적으로 고려해 주거래 관계를 구축할지를 결정한다. 일단 주거래 관계를 구축하고 나면 장기적 금융 지원을 보장한다. 기업이 어려울 때는 직접 자금 지원도 하고, 다른 금융기관과의 관계를 주선하거나 보증해준다. 뿐만 아니라 담보 가치가

17: 은행 요즘 기업고객 관리는 커뮤니티로, 아시아경제뉴스, 2012. 5. 25
18: 씨티은행 Citi기업금융서비스 관련 웹사이트 참조
19: 중소기업에게 적합한 '관계형 금융', 기업은행 금융산업팀, 2013

하락하더라도 추가 담보나 중도 상환을 요구하지 않는다[20].

국내에서도 이같은 관계형 금융이 주목받고 있다. 많은 금융사들이 독일이나 일본 사례를 참조해 중소기업과 상호 원윈(win-win)할 수 있는 관계를 구축하는 방안을 마련하고 있다. 2013년 금융감독원장은 언론과의 인터뷰에서 "금융기관이 관계형 지분 투자를 통해 중소기업과 경영 참여형 공생 관계를 구축하도록 돕는 방안을 구상 중"이라고 밝혔다.

화사 그룹의 김최고 대표는 조금 더 일찍 +F 전략을 받아들였더라면 금융기관과의 관계를 돈독히해서 ㈜최고생산설비가 일시적으로 펀딩을 받게 해줄 수 있었을 것이라고 생각했다. 그러면 중국으로 생산시설을 확장할 때 문제가 적었을 것이다. 그러면 이제 ㈜최고생산설비가 펀딩을 받을 방법을 알아보자.

20: 관계형 금융(Relationship Banking), 금융플러스, 2013. 2. 6

3장 +F 전략의 뉴 펀딩 리소스

화사 그룹은 이제 글로벌 공급망 중에서 긴밀한 협력이 필요한 주요 파트너들을 파악했다. 장기적 파트너십 정착을 위한 구체적 방안도 마련했다. 분석 도중 몇몇 파트너들이 화사 그룹이 마련한 좋은 파트너 선정 기준에 미치지 못함을 발견했다. 김대표는 테스크 포스팀을 구성해 기준에 미치지 못하는 파트너를 대체할 잠재 파트너를 선정할 계획이다. 잠재 파트너와의 거래를 점차 늘리면서 동시에 기준에 미달하는 기존 파트너와의 거래는 점차 줄여나갈 것이다.

화사 그룹은 +F 전략의 다음 실행 방안으로 다양한 펀딩 리소스를 검토하기 시작했다. 기업이 지속적으로 성장하려면 필요한 자금을 적시에 조달해야 한다. 필요한 규모의 펀딩/파이낸싱을 확보해 미래 성장을 위해 설비·기술에 투자하는 것이 필수다. ㈜최고생산설비의 상황을 감안하면 더 절실히 느껴졌다. 전통적으로 화사 그룹은 주거래 금융기관이 제공하는 대출 상품으로 필요 자금을 조달했다. 김대표는 화사 그룹이 빠른 속도로 성장했지만 주식 시장 상장을 고려하기에는 아직 시기상조라고 생각한다. 파트너인 ㈜최고생산설비뿐 아니라 화사 그룹도 최근 급격한 사업 팽창으로 자금유동성이 악화됐고 기업 신용도는 하락했다. 거래 금융기관은 예전과 같은 조건으로 대출을 제공하는 데 난색을 표하고 있다.

화사 그룹은 급격한 매출성장률과 중국 시장에서의 성공 가능성을 적극적으로 어필했다. 뿐만 아니라 기존 주거래 금융기관 외에도 다른 금융기관에서 제공하는 대출 상품을 폭넓게 검토했다. 이같은 노력에 힘입어 화사 그룹은 주거래 은행과 대출 조건에 합의했다. 비록 이자율은 상승했지만 신용도 하락과 현재 겪고 있는 자금유동성 상황에 비해서는 만족스러운 결과였다.

간신히 만족스러운 대출 조건에 합의한 김 대표는 ㈜최고생산설비 건도 있고 해서 펀딩을 제공하는 다른 리소스에도 관심을 보였다.

+F 전략에서는 전통적인 펀딩 외에도 IT 기술이 발전함에 따라 활용이 가능해진 새로운 펀딩 리소스를 소개한다. 다음에 소개할 내용은 2013년 월드 이코노믹 포럼(World Economic Forum)이 발간한 〈핀테크 산업의 미래: 소규모 기업들에 있어서의 패러다임 변화(The future of FinTech: A Paradigm Shift in Small Business Finance)〉에 소개된 5가지 신 펀딩 방법을 +F 전략에 맞게 수정·보완한 것이다.

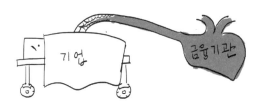

(1) 시장 P2P 펀딩

시장 P2P 펀딩이란 2000년대에 시작됐는데 IT 플랫폼을 통해 일반 투자자로부터 직접 펀딩을 받는 방식이다. 공공의 오픈 플랫폼을 통해 펀딩을 유치하기 때문에 별도의 금융기관 도움 없이도 펀딩을 확보할 수 있다. 또한 일반투자자 중에는 위험을 무릅쓰고 높은 수익이 생길 가능성에 투자하는 이들이 있다. 현재 기업에 긍정적인 실적이 없다면 보수적인 금융기관은 추가 대출 서비스를 제공하지 않으려 할 것이다. 하지만 일반투자자 중에는 기업의 성장 잠재력을 믿고 높은 위험성에도 불구하고 펀딩을 제공하는 이들이 있다. 이처럼 시장 P2P 펀딩은 기업이 쉽게 펀딩 리소스에 접근할 수 있게 해주었을 뿐 아니라 펀딩 확보 가능성까지 높혀 주었다.

　시장 P2P 대출에 필요한 IT 오픈 플랫폼은 보통 핀테크 업체가 만들어 공급한다. 핀테크 업체는 플랫폼을 통해 높은 리스크를 감수하고서라도 높은 수익률을 올리고 싶은 투자자와 돈이 필요한 기업을 연결해준다'. 시장 P2P 펀딩 서비스를 제공하는 일부 핀테크 업체는 담보를 요구하지 않음으로써 금융기관과 차별화된 서비스를 제공한다. 일부 서비스업 기업은 안정적인 수익을 발생시키는데도 불구하고 담보로 제공할 만한 자산이 마땅치 않아 금융기관으로부터 대출을 받는 데 어려움을 겪는다. 담보를 요구하지 않는 시장 P2P 펀딩 덕분에 이런 서비스 기업에게도 추가 펀딩 유치의 기회가 열렸다.

시장 P2P 펀딩 시장은 핀테크 스타트업이 활발한 미국, 중국, 영국 등에서 빠르게 증가하고 있다. 대표적으로 시장 P2P 대출을 제공하는 핀테크 기업으로는 렌딩 클럽(Lending Club, 미국), 온데크(OnDeck, 미국), 케비지(Kabbage, 미국), 펀딩써클(Funding Circle, 미국·영국)등이 있다. 렌딩 클럽은 2007년 설립되었는데, 설립 이후 연평규 127%의 기하급수적인 성장을 보여 2015년 총 대출액이 134억 달러에 이르고 있다.

최근 국내 P2P 펀딩도 빠르게 발전하고 있으나 아직 규모 면에서 영세한 수준이다. 특히 전체 대출 시장 규모에서 차지하는 비중은 매우 작으며 금융기관의 대출 시장 규모와는 큰 격차를 보이고 있다. 2016년 예금취급금융기관의 총대출금 증가분 대비 P2P 핀테크 기업의 신규대출 비중은 0.43%에 그치고 있다. 하지만 2016년 이후 핀테크 플랫폼을 통해 거래되는 대출 시장 규모가 빠르게 증가하고 있어 기대감을 증폭시키고 있다.

대표적인 국내 P2P 대출중개 업체 및 2015년 상반기 경영실적은 다음과 같다.

(단위: 건, 백만원)

업체명	대출건수	대출잔액	자산	자본금	이익
머니옥션	839	4,172	2,279	2,971	-12
팝펀딩	1,939	1,070	1,023	75	-27
펀딩트리	-	-	-	-	-
키핑펀드	-	-	-	-	-
8퍼센트	49	1,053	1,752	13	-
테라펀딩	6	870	10	10	-
렌딧	27	704	1	1	-1
펀다	13	154	200	200	-
돕자클럽	21	91	6	1	-
어니스트 펀드	6	51	54	1	-

표 2-7: 국내 대표 P2P 대출중개 업체의 2015년 경영실적 상반기 ('핀테크: 중소기업 금융의 제로투원' 보고서에서 금융감독원 내부자료를 참고하여 작성한 것을 재인용함.)

(2) 이커머스 펀딩

B2B 방식이 아니라 고객에 제품을 직접 판매하는 기업이라면 이머커스 파이낸싱에 관심을 기울일 필요가 있다. 전자상거래 플랫폼을 운영하는 기업이 판매자에게 펀딩을 제공하는 이커머스 파이낸싱은 2012년 이후 빠르게 증가하고 있다. 이베이(eBay)나 아마존(Amazon), 알리바바(Alibaba) 등 대규모 전자상거래 업체를 통해 제품을 판매하는 기업이라면 자신이 '입점'해 있는 전자상거래 업체에게 펀딩을 요청할 수 있다. 최근에는 국내 전자상거래 업체도 자사에 입점해 있는 벤더에게 유사한 방식으로 펀딩 서비스를 제공한다.

[그림 2-5: 이커머스 펀딩 제공기업]

이커머스 펀딩은 금융 서비스를 제공하는/제공받는 양쪽 모두에게 많은 이익을 가져다준다. 전자상거래 업체는 입점해 있는 기업을 이미 잘 알고 있다. 예를 들어, 아마존에서 오랜 기간 물건을 판매해 온 기업이 펀딩을 요청했다고 가정해 보자. 아마존은 제품 판매를 승인한 시점에 이 기업에 대한 조사를 완료했을 것이다. 또한 그동안 그 기업의 물건들이 아마존 플랫폼에서 결제됐기 때문에 기업의 대략적인 매출액도 이미 알고 있을 것이다. 아마존 입장에서는 이미 펀딩을 제공받는 기업에 대한 상세한 정보를 가진 상태에서 펀딩을 제공할 수 있다. 부도 같은 신용 리스크를 줄일 수 있고 펀딩을 제공받는 기업을 조사하는 데 필요한 시간과 노력도 줄일 수 있다. 펀딩을 제공받는 입장에서는 따로 금융기관에 알아볼 필요 없이 기존에 이용하던 플랫폼에서 쉽게 펀딩을 유치할 수 있다. 아무래도 이미 전자상거래 입점 계약을 체결한 기업이라 최종 펀딩 유치까지 상대적으로 적은 시간과 노력이 소요될 것이다. 따라서 필요한 시기에, 필요한 규모의 펀딩을 유치하기 용이하다.

아마존에서는 아마존 렌딩(Amazon Lending)이라는 자회사를 설립하여 2012년부터 이커머스 펀딩 서비스를 제공하고 있다. 처음에는 미국과 일본에서만 서비스했지만 지금은 중국과 영국을 비롯한 다른 나라에서 활발히 서비스하고 있다. 아마존 렌딩은 펀딩을 요청하는 기업의 신뢰도와 장래성을 평가하는 정량적 평가 모델을 개발해서 이에 기초한 펀딩을 제공한다. 일반적으로 3개월 ~ 6개월 만기, 1,000달러 ~ 60만 달러 규모의 펀딩을 연이자 13% 수준에서 제공한다.

중국의 최대 전자상거래 업체인 알리바바도 유사한 펀딩 서비스를 제공한다. 알리바바는 2010년 알리바바 파이낸셜(Alibaba Financial)이라는 자회사를 설립했다. 알리바바 파이낸셜은 알리바바에 입점한 기업에게 최대 8만 달러 규모의 펀딩을 제공한다. 알리바바 파이낸셜은 중국 건설 은행(China Construction Bank), 공상 은행(Industrial and Commercial Bank of China)과 파트너십을 맺고 점차 다양한 파이낸싱 서비스를 제공하려 하고 있다.

(3) 송장 금융(Invoice finance)

송장 금융은 팩토링 서비스와 유사하다. 팩토링 서비스란 아직 지불되지 않은 외상매출채권을 할인된 가격에 사들이는 것을 말한다. 팩토링 서비스를 이용하면 제품을 판매한 기업은 판매 대금을 즉시 회수할 수 있기 때문에 현금 사정을 개선할 수 있다. 팩토링 서비스를 제공하는 기업은 할인된 가격에 외상매출채권을 구매하기 때문에 차액에서 이득을 남긴다. 현재 팩토링 시장은 연간 10~12%의 빠른 성장세를 보이고 있다. 하지만 팩토링 서비스를 중소기업이 활용하기에는 다소 어려움이 있다. 팩토링 기업이 제공하는 금융 서비스는 계약 조건이 상당히 복잡하다. 외상매출채권을 보유한 기업은 현금 유동성이 원활치 않을 때마다 팩토링 기업을 찾아봐야 한다. 팩토링을 전문적으로 처리하는 인력을 보유하지 않은 중소기업은 팩토링 서비스 활용이 결코 쉽지 않다.

이에 매출채권 팩토링 서비스 이용을 도와주는 송장 금융 서비스가 등장했다. 대부분의 송장 금융 서비스는 핀테크 업체가 제공한다. 이같은 핀테크 업체와 거래하는 기업은 자사의 시스템을 핀테크 업체가 운영하는 온라인 송장(e-invoice) 시스템에 연결한다. 한 번 시스템이 연결되면 외상매출채권을 가지고 파이낸싱을 쉽게 요청할 수 있다. 팩토링 서비스를 받는 데 필요하던 복잡한 계약이나, 서비스를 신청할 때마다 발생하던 처리 비용이 획기적으로 줄어든다. 필요하다면 즉각 현금 지급도 요청할 수 있다. 송장 금융 서비스를 제공하는 대표적인 해외 핀테크 업체로는 마켓인보이스(Marketinvoice, 영국), 펀드박스(Fundbox, 미국), 블루바인(Blue Vine, 미국), 노비캡(NoviCap, 스페인), 파이낵스캡(Finexkap, 프랑스), 인보이스 인터체인지(Invoice Interchangne, 싱가포르) 등이 있다.

미국의 재무회계·보고 표준을 제정하는 FASB는 송장 금융을 매출채권의 분배(assignment of accounts receivable), 팩토링은 매출채권의 판

	마켓인보이스	플랫폼블랙	펀드박스	블루바인
설립	2011 UK	2011 UK	2012 US	2013 US
송장 금융 대상 매출채권 크기	£5,000~£100만 (평균 £7만)	£5,000~£45만	$500~$2.5만	$5,000~$25만
거래량 (2016년 기준)	7,859건 £6억	2,463건 £1.1억	미공개	미공개
특이사항	·기업당 매년 10개 매출채권 판매 ·매출채권 1개당 평균 10명의 투자자 참여	·매출채권 크기 다양	·개인투자자 참여 없음 ·중소기업 소액 매출 채권에 대한 현금 서비스 제공	·개인투자자 참여 없음 ·중소기업 소액 매출 채권에 대한 현금 서비스 제공

표 2-8: 송장 금융을 제공하는 대표적 해외 핀테크기업, (출처: '핀테크: 중소기업 금융의 제로투원' 보고서

매(sale of accounts receivable)라고 정의하며 미세하게나마 차이를 두고 있다. 하지만 실상 송장 금융과 팩토링 서비스는 매우 유사하다. 대부분의 금융 시장에서는 송장 금융을 팩토링 서비스의 한 가지 형태로 보고 있다. 본 책에서도 송장 금융을 온라인 청구 시스템과 결부해 펀딩 서비스 이용을 용이하게 만들어 주는 팩토링 서비스의 한 형태라고 정의했다.

(4) 무역 금융(Trade finance)

지금껏 무역 금융은 많은 주목을 받지 못했다. 하지만 기업의 해외 판매가 증가하면서 무역 금융에 대한 관심이 빠르게 증가하고 있다. 일부 기업에서는 국내 매출보다 해외 매출이 커지는 매출 역전 현상이 발생하기도 한다. 화사 그룹도 중국 현지에 공장을 건설하고 중국 시

장 진출을 적극적으로 타진하고 있기 때문에 무역 금융을 주의깊게 살펴봤다.

　기업은 자사의 제품을 해외 구매자에게 판매한다. 해외 판매는 구매가 이루어진 경우라도 실제 제품 배송이 완료되기까지 상당한 시간이 소요된다. 일단 배송 거리가 국내 배송에 비해 훨씬 멀다. 운송 수단도 국내 지역 운송에 비해 훨씬 제약이 많다. 뿐만 아니라 해외에는 국내와는 다른, 상품에 대한 추가적인 규제가 있을 수 있다. 이러면 세관 통과에 생각보다 긴 시간이 소요된다. 만약 구매자가 제품을 양도받은 후 제품 대금을 지불하는 조건이라면 제품 판매와 지불 사이에는 매우 큰 시간 차가 발생한다.

　이같은 시간 차는 기업 현금 사정에 불확실성을 야기한다. 수출 기업은 제품 대금을 수령하기까지 무척 긴 시간이 소요되므로 현금 유동성에 어려움을 겪는다. 이같은 어려움을 타개하는 데 무역 금융이 활용된다. 무역 금융 서비스를 제공하는 금융기관은 제품 판매 사실에 근거해 수출업체(공급기업)에게 펀딩을 제공한다. 계약을 먼저 체결하고 나중에 제품을 생산하는 기업은 무역 금융을 통해 생산에 필요한 자금을 지원받을 수도 있다. 금융기관은 신용장(letter of credit, L/C)이나 기업의 과거 수출 실적을 근거로 펀딩 여부를 결정한다. 신용장이란 신용장을 발행한 기관이 제품을 판매한 기업에게 지급을 보증하는 일종의 확약서다. 신용장에 근거해 펀딩을 요청하는 경우 금융기관은 미수납된 제품 대금이 틀림없이 지불될 것이라는 확신을 갖고 펀딩을 제공한다. 그래서 무역 금융을 지원하는 금융기관은 공급기업에게 신용장을 요청한다. 공급기업은 구매기업에게 구매자의 신용을 보증하는 신용장을 작성해 달라고 요청하고, 구매기업은 주거래 은행을 통해 신용장을 작성한다. 작성된 신용장은 금융기관으로 전달된다. 금융기관은 신용장 내용, 즉 구매기업의 신용도에 근거해 펀딩 여부를 결정한다. 금융기관이 신용장 없이 무역 금융을 지원하는 경우에는 앞서 말했듯이 공급기업의 과거 수출 실적에 근거해 펀딩 여부를 결정한다. 무역 금융을 이용해 제품을 판매한 수출업체는 현금 유동성을 개선할 수 있다[21].

무역보험공사의 무역 금융 보증

국내 중소기업이 손쉽게 이용할 수 있는 무역 금융 창구는 한국무역보험공사다. 일반적으로 수출 실적이 좋은 중소기업은 무역보험공사의 보증(신용장)을 가지고 금융기관에게 무역 금융 펀딩을 요청한다. 최근 한국무역보험공사는 국내 기업의 수출 실적이 향상되도록 지원하고자 무역 금융 보증 규모를 확대했다. 플랜트, 조선 산업에 대해서는 프로젝트를 발주한 구매처의 신용이 확실하고 규모가 10억 달러 이상인 조건에서 무역 금융 보증을 대폭 강화했다. 2015년 수주한 쿠웨이트 석유화학 플랜트

21: 무역금융업무안내, 우리은행 외환센터

건설 프로젝트에는 약 25억 달러 정도의 무역 금융 보증을 제공했고, 남아공 석탄화력 발전소 건설에도 약 10억 달러 규모의 무역 금융 보증을 제공했다[22].

때때로 무역보험공사의 무역 금융 보증은 많은 비판을 받기도 한다. 6,700억 원대 대출 사기를 일으킨 모뉴엘(MONEUAL)이나 1,500억 원대의 대출 사기 의혹을 받고 있는 온코퍼레이션처럼 무역 금융 보증 제도를 악용하는 사례가 잇따라 발생하고 있다. 무역보험공사는 모뉴엘 사건 이후 대출 사기이 재발하지 않도록 보증 제공 기준을 강화했지만 온코퍼레이션 사건이 발생하면서 재차 논란에 휩싸였다.

모뉴엘은 원덕연 부사장이 2004년 4월 창업한 회사다. 모뉴엘은 삼성전자 북미영업부 출신 박홍석 대표가 합류하면서 급속도로 성장했다. 홈시어터 PC와 로봇청소기 등 기존 시장에서 볼 수 없던 혁신적 제품을 출시하면서 세간의 주목을 받았다. 세계 최대 전자제품 전시회인 CES(Consumer Electronics Show)에서 6년 연속 혁신상을 수상했으며, 일본 니혼게이자이 신문은 박홍석 대표를 주목할 만한 아시아의 경영자로 선정했다. 이같은 실적을 바탕으로 모뉴엘은 히든챔피언 또는 경쟁력 있는 강소기업으로 명성을 떨친다. 금융기관들은 별다른 의심없이 엄청난 규모의 펀딩을 제공했다.

하지만 모뉴엘은 2014년 9월 돌연 법정 관리를 신청했다. 모뉴엘의 2013년 매출액은 약 1조 2,000억 원, 영업 이익은 약

1,100억 원이다. 1,000억 원이 넘는 영업 이익을 기록한 기업이 돌연 법정 관리를 신청한 이유가 모호했다. 모뉴엘은 수출한 물품에 대한 매출 채권 회수가 지연돼 당장 만기가 돌아온 은행 차입금을 갚지 못하기 때문이라고 설명했다. 하지만 모뉴엘의 설명에는 석연치 않은 점이 많았다.

모뉴엘의 분명치 못한 해명 때문에 수출 대금을 조작한 것이 아니냐는 의혹이 일어났다. 조사 결과 모뉴엘은 2009년 1월부터 2014년 7월까지 홈시어터 PC 120만 대에 대한 수출 서류를 조작해 약 3조 4,000억 원이 넘는 대출을 받았음이 밝혀졌다. 뿐만 아니라 무리하게 경영하다가 자금난에 직면하자 무역보험공사의 보증을 바탕으로 허위 수출 채권을 시중 은행에 매각한 사실도 밝혀졌다[23]. 모뉴엘은 현지 수입업체와 모의해 허위로 수출 서류를 작성하고, 몇 달 뒤에 수출 대금이 들어올 것처럼 계약 서류를 조작했다. 조작된 서류를 바탕으로 무역보험공사의 보증을 받고 외상 매출 채권을 담보로 펀딩(대출)을 유치했다. 모뉴엘은 지속적으로 허위 매출 기록을 조작하며 돌려막기 식으로 은행 부채를 상환했다.

무역보험공사의 보증을 바탕으로 모뉴엘에 대출을 제공했던 금융기관들은 허위 대출로 인한 3,615억원 보험금 지급 여부를 두고 무역보험공사와 소송을 진행 중이다.

최근 일어난 온코퍼레이션 부실 의혹도 모뉴엘 사태와 매우

23: 정부, 10조 투입해 플랜트•해외건설 금융지원, 건설경제, 2016. 7. 26
23: 모뉴엘 사태 1년, 무역보험공사 VS 은행권 갈등은 진행형, Focusnews, 2016. 10. 18

유사하다. 무역보험공사의 보증을 바탕으로 온코퍼레이션은 은행에서 2016년 9월 기준 약 1억 4,300만 달러를 대출받았다. 조만간 만기가 도래하는 금액도 상당하다. 만약 온코퍼레이션이 대출액을 제때 상환하지 못한다면 무역보험공사는 금융기관과 또다른 소송을 시작해야 할지도 모르겠다.

온코퍼레이션이 은행 대출금을 제때에 상환할 가능성은 무척 낮다. 감사보고서에 따르면 온코퍼레이션은 2015년 7월 1일 ~ 2016년 6월 30일에 무려 1,462억 원의 당기순손실을 기록했다. 온코퍼레이션은 심각한 경영난에 처해 있으며 만기가 도래하는 은행 대출금에 대한 상환은 거의 불가능해 보인다[24].

일련의 상황 탓에 무역보험공사의 신뢰도는 크게 하락했다. 중소기업이 가장 쉽게 이용할 수 있는 무역 금융 창구인 무역보험공사의 신뢰도가 하락함에 따라 무역 금융의 규모는 크게 줄었다. 서울경제신문에 따르면 2016년 9월의 무역 금융 대출 금액은 모뉴엘 사태 이전인 2014년 9월 62조 2,000억 원에 비해 50% 가까이 줄어든 30조원 정도에 불과하다. 무역보험공사에서도 보증서를 발급하는 기준을 크게 강화해 보증서 발급 자체가 1,447건에서 398건으로 크게 줄어들었다[25]. 최근 무역 금융에 대한 지원을 강화하고 무역보험공사의 신뢰도를 회복하기 위한 노력이 진행되고 있다고 하니 무역 금융이 다시 수출 기업을 지원하는 주요 펀딩 창구로 활용되기를 기대해 본다.

(5) 공급사슬금융(Supply chain finance)

화사 그룹 같은 제조 기업은 특히 공급사슬금융에 관심을 기울일 필요가 있다. 공급사슬금융이란 무엇일까? EBA(Euro Banking Authority)에서 발간한 〈공급사슬금융: EBA 유럽시장 가이드(Supply Chain Finance: EBA European market guide)〉나 스페인 은행 BBVA(Banco Bilbao Vizcaya Argentaria, S.A)가 발간한 〈기업의 운전자본 관리를 위한 공급사슬금융 솔루션(Supply Chain Finance: solutions for your company's working capital)〉을 살펴보면 공급사슬금융은 "공급망 내 유동성과 운전자본 관리 효율성을 증진시키기 위해 이용되는 금융 상품 및 기법"이라고 정의돼 있다. 공급사슬금융은 '외상매입금' 대상 공급사슬금융

[그림 2-6: 공급사슬금융 분류]
(출처: 공급사슬금융 '기업의 운전자본을 위한 솔루션'[26])

25: 1,500억 손실 위기' 무보, 부실보증 논란 재점화, 주간 무역, 2016. 10. 05
26: 끝나지 않은 모뉴엘 사태 - 중기 무역금융대출 '반토막', 서울경제, 2016. 10. 1150: Supply Chain Finance: solutions for your company's working capital, BBVA, 2016. 7. 6

(accounts payable-centric supply chain finance)과 '외상매출금' 대상(accounts receivable-centric supply chain finance) 공급사슬금융으로 구분된다. 외상매입금이나 외상매출금은 제품이나 원자재를 살 때 제품을 구매했지만 아직 그 대금을 치르지 않아 발생하는 미지급액을 의미한다. 거래를 하고 바로 대금을 지급하지 않으면 외상 거래가 된다. 제품을 판매한 쪽에서는 외상매출금이 발생하고 제품을 구매한 쪽에서는 외상매입금이 발생한다.

대표적인 외상매입금 대상 공급사슬금융 방법에는 역팩토링과 동적 할인이 있다. 4장에서 자세히 살펴볼 역팩토링은 가장 널리 사용되는 공급사슬금융 기법이다. 가장 널리 알려져 있기 때문에 어떤 이들은 공급사슬금융이 곧 역팩토링이라고 생각한다. 하지만 역팩토링은 활용할 수 있는 다양한 공급사슬금융 중 일부만을 지칭한다. 그림 2-6에서 보았듯이 공급사슬금융에는 역팩토링 외에도 훨씬 다양한 방법이 존재한다.

외상매입금 대상 공급사슬금융의 또다른 대표적인 방법인 '동적 할인(Dynamic Discounting)'은 구매자가 공급기업에게 할인된 가격을 제시하는 것이다. 제시된 가격에 공급기업이 동의하면 계약에 명시된 만기일보다 이른 시점에 외상매출금이 지불된다. 동적 할인에서는 구매자가 외상 금액에 대해 다양한 '할인율과 지급 시기'를 조합해 공급기업에게 제시한다. 보통 구매자가 지불을 빨리할수록 할인율은 증가한다. 공급기업은 자신의 현금 유동성을 살펴보고 최적의 지불 시기와 할인율을 선택할 수 있다. 만약 현금이 긴급하게 필요한 상황이라면 높은 할인율을 수용하는 대신 즉각 대금을 지급받는다. 반면에 현금 유동성에 여유가 있다면 만기일까지 기다려 할인 없이 원래 가격을 지불받는다.

역팩토링으로 대표되는 외상매출금 대상 공급사슬금융과 송장 금융으로 대표되는 외상매입금 대상 공급사슬금융의 가장 큰 차이점은 '누가 이 프로세스를 주도하는가'다. 일반적으로 송장 금융은 청구서를 발송하는 공급기업이 착수한다. 공급기업이 주도적으로 외상매출채권만큼의 펀딩을 제공할 수 있는 투자자를 찾는다. 때문에 송장 금융은 외상매출금 대상 공급사슬금융으로 분류된다. 이에 비해 역팩토링에서는 공급기업보다 구매자나 펀딩을 제공하는 금융기관 혹은 팩토링 회사가 프로세스를 주도한다. 외상 거래가 발생하기 전 구매자가 가능한 할인율+지급시기 조합을 공급자에게 보여주고

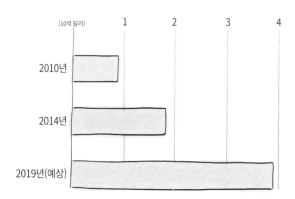

[그림 2-7: 공급사슬금융 시장 규모 (출처: 맥킨지 보고서)[27]]

27: Supply-chain finance: The emergence of a new competitive landscape, McKinsey & Company, McKinsey on Payments, 2015

공급자로 하여금 지불시기와 방법을 선택하게 한다. 혹은 팩토링 기업이 투자자를 유치해 공급자에게 외상액에 대한 현금화 시기와 방법을 선택하게 하는 식이다. 이 때문에 역팩토링은 외상매입금 대상 공급사슬금융이라 불린다.

공급사슬금융은 최근까지 많은 관심을 받지 못했다. 그럼에도 불구하고 공급사슬금융에 대한 수요는 지속적으로 존재했다. 그림 2-7은 맥킨지(McKinsey)에서 발표한 내용이다. 맥킨지는 2014년 전 세계 시장에 약 200억 달러(한화 약 20조 규모) 규모의 공급사슬금융에 대한 잠재적 수요가 있다고 주장했다. 또한 이같은 수요는 향후 5년 간 약 15% ~ 20%씩 증가할 것이라고 전망했다. 하지만 실제로 공급사슬금융을 이용하고 있는 기업은 잠재적 수요자의 약 10%(약 20억 달러 규모)에 불과하다고 말한다. 현재 공급금융사슬은 유럽, 미국에서 널리 사용되고 있지만 곧 아시아와 남아메리카 지역에서도 큰 주목을 받을 것이라고 전망했다.

우리는 공급사슬금융에 대한 중소기업들의 수요가 빠르게 증가할 것이라고 전망한다. 대부분의 중소기업이 필요한 시기에, 필요한 펀딩을 유치하는 데 어려움을 겪고 있기 때문이다. 금융기관은 거래 기업이 부도가 나거나 하면 손실을 보기 때문에 수익이 안정적인 대기업과만 거래하려고 한다. 아직 사업이 본궤도에 오르지 못한 중소기업은 펀딩 유치에 큰 제약을 받을 수밖에 없다. 뿐만 아니라 일부 중소기업은 기업 정보를 투명하게 공개하지 않는다. 물론 정보를 완전 공개하지 않는 데에는 여러 가지 이유가 있을 것이다. 이유 여부를 떠나 일반적으로 금융기관은 투명성이 높은 기업과 거래하려 하기 때문에 소규모 기업은 펀딩 유치에 더 큰 제약을 받는다.

공급사슬금융은 이같은 상황에 대한 타개책이 될 수 있다. 소규모 기업은 핀테크 업체가 제공하는 공급사슬금융 플랫폼을 이용해 다양한 성향의 투자자·금융기관과 접촉할 수 있다. 성장 가능성을 잘 어필한다면 중소기업은 위험을 감수하려는 투자자나 금융기관들로부터 공급사슬금융을 성공적으로 유치할 수 있다. 펀딩을 요청하는 기업과 투자자가 동일 IT 플랫폼으로 연결돼 있다면 상호 필요한 정보를 쉽게 요청할 수 있기 때문에 더 많은 공급사슬금융 기회가 창출될 것이다.

공급사슬금융 IT 플랫폼은 다양한 법적 문제를 함께 고려해야 하기 때문에 아직은 한계점을 보이고 있다. 월드 이코노믹 포럼의 보고서에 따르면 현재 사용되는 공급사슬금융 IT 플랫폼은 일정 규모 이상의 거래에서만 효과적이라고 한다. 중소기업이 필요로 하는 소규모 거래에 적용하기에는 현재의 IT 플랫폼은 한계가 있다. 하지만 공급사슬금융은 성장 잠재성이 풍부하므로 유럽을 중심으로 수많은 핀테크 기업이 공급사슬금융 IT 플랫폼 개발에 뛰어들고 있다. 조만간 소액 매출 채권을 가지고도 효과적으로 IT 플랫폼에서 공급사슬금융을 유치할 수 있을 것이다.

화사 그룹도 공급사슬금융을 이용해 보기로 했다. 화사 그룹은 중국에 진출하면서 미리 상생집단에게 받아둔 주문이 있었고, 또 ㈜최고생산설비에 지불해야 할 설비비용도 있었다. 이것을 잘 연계하면 현금 유동성 때문에 생긴 문제를 해결할 수 있을 것 같았다. 그러려면 가장 잘 알려진 역팩토링부터 알아볼 차례다.

4장 역팩토링이란?

역팩토링은 공급사슬금융의 가장 대표적인 방법이다. 역팩토링을 이해하려면 먼저 팩토링이 무엇인지 이해할 필요가 있다. 팩토링은 공급자가 구매자에게 제품을 외상으로 판매한 후 발생한 외상매출채권을 팩토링 기업에게 할인된 가격으로 양도하는 것이다[28]. 팩토링 기업은 외상매출채권을 양도받아 지속 관리하고 만기일 이후에 미수 금액을 회수한다. 역팩토링 또한 공급자가 외상매출채권을 채권관리업자(팩토링 기업)에게 양도해 전문적으로 관리하도록 한다. 하지만 팩토링과는 다르게 전체 프로세스를 팩토링 기업이 주도한다. 역팩토링 프로세스에서 팩토링 기업은 신용도가 높은 우량 구매자[29]를 찾는다. 우량 구매자를 찾은 후에는 이들

28: 위키피디아 'Factoring'
29: 여기서 우량 구매자란 신용도가 좋아 미수금액을 약속된 날짜에 지급할 확률이 매우 높은 구매자를 의미한다.

에게 제품을 공급하는 공급자를 찾아 팩토링 계약을 먼저 제안한다. 팩토링 기업은 우량 구매자의 외상매출채권을 사들이고 공급자가 미처 받지 못한 미수 금액을 선지급한다.

전통적인 팩토링 프로세스에서는 공급자가 자신이 보유한 외상매출채권을 판매하려고 팩토링 기업에 접근한다. 반면에 역팩토링 프로세스에서는 팩토링 기업이 우량 구매자와 공급자에게 먼저 접근해 좋은 조건의 파이낸싱[30] 거래를 제안한다. 팩토링과 역팩토링 모두 외상매출채권을 구매하는 팩토링 기업, 실제 외상매출채권에 명시된 만기일에 미수금액을 지급하는 구매자, 현금이 필요하여 외상매출채권의 이른 지급을 원하는 공급자라는 세 가지 주체가 개입한다. 팩토링 프로세스에서는 공급자가 전체 프로세스를 개시하는 데 비해 역팩토링 프로세스에서는 팩토링 기업이 프로세스를 개시한다.

대부분 금융기관이 팩토링 기업의 역할을 수행한다. 금융기관은 외상거래금액에 대한 지급 시기와 할인률이 결합된 다양한 파이낸싱 옵션을 공급기업에게 제시한다. 공급기업은 외상 매출금을 만기일 이전에 지급받는 조건으로 매출금에 대한 일정 수준의 할인률을 이자를 대신해 제공한다. 그림 2-8은 역팩토링 프로세스의 진행 과정을 간략히 보여준다.

---

30 : 공급자 입장에서는 역팩토링은 외상매출채권을 담보로 대출 상품을 구매하는 것과 유사하다. 할인된 금액으로 팩토링 회사에게 외상매출채권을 넘기는 것은 대출에 대한 일정량의 이자를 지급하는 것과 동일하다. 따라서 이는 파이낸싱의 일종이다.

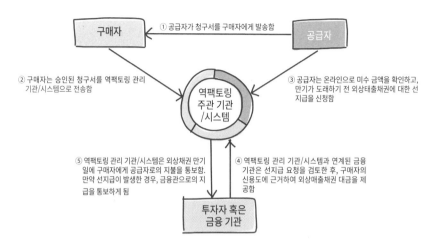

[그림 2-8: 역팩토링 프로세스 (출처: 맥킨지 보고서)[31]]

역팩토링 프로세스

역팩토링 프로세스를 단계별로 살펴보자.

STEP 1 공급자(Supplier)가 구매자(Buyer)에게 지급 청구서(Invoice)를 발송한다.

31: Supply-chain finance: The emergence of a new competitive landscape, McKinsey & Company, McKinsey on Payments, 2015

STEP 2 구매자는 지급 청구서(Invoice) 내용을 승인하고, 승인 내용을 팩토링 기업으로 발송한다.

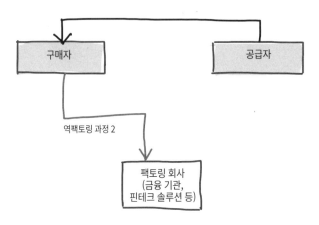

STEP 3 팩토링 기업은 공급자에게 청구 금액의 조기 지급 가능 시기와 그에 따른 할인율을 통보한다.

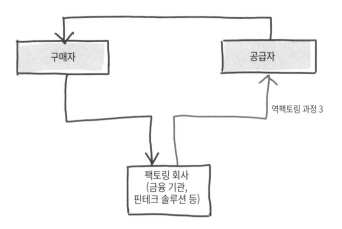

STEP 4 공급자가 운전 자본 최적화, 현금 유동성 확보 등을 고려해 팩토링 회사가 제안한 선지급(Early payment) 옵션 중 하나를 선택한다.

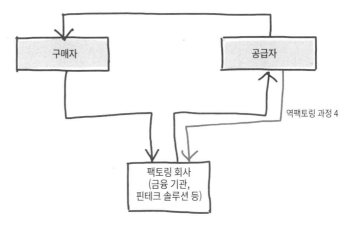

STEP 5 팩토링 기업은 자신들과 연계되어 있는 투자자들에게 선지급을 위한 펀딩을 요청한다.

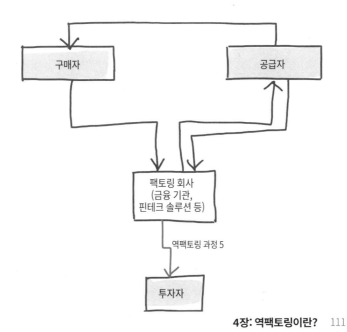

STEP 6 공급자는 투자자로부터 원금보다 할인된 금액을 선지급

받는다.

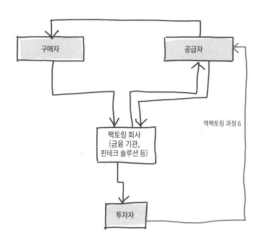

역팩토링 과정 6

STEP 7 투자자들은 구매자와 공급자 사이에 협의된 날짜(매출채권

만기일)에 구매자로부터 원금을 회수한다.

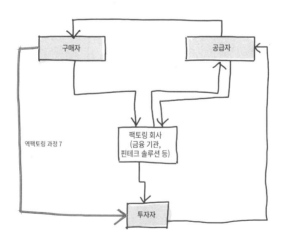

역팩토링 과정 7

유명 리서치 기업인 아이트 그룹(Aite Group)³²에 따르면 역팩토링 시장은 현재 2,538억 달러 규모다. 다양한 산업에서 역팩토링에 대한 수요가 발생할 것으로 전망했는데, 특히 항공우주(aerospace), 화학(chemicals), 소비재(consumer packaged goods, CPG), 통신(telco), 유통(retail) 산업에서 적극적인 수요가 발생할 것이라고 예측했다.

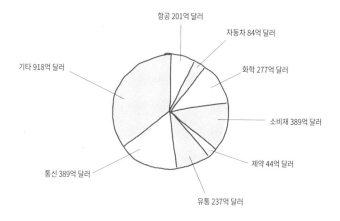

[그림 2-9: 역팩토링 미래시장규모 (출처: 아이트 그룹 보고서)]

32: 이 책에서는 맥킨지 그룹이 인용한 아이트 그룹의 조사 결과를 재인용했다.

'펀다'는 자영업자를 대상으로 개인간(P2P) 대출 중개 플랫폼을 제공하는 핀테크 기업이다. 2016년 펀다는 물품보관함 제작 업체인 ㈜스마트박스가 지하철 5호선 ~ 8 호선 152개 역에 물품 보관 시스템을 납품하면서 받은 외상매출채권 6억 6,000만 원을 담보로 자금을 모집하는 팩토링 투자 상품을 공개했다. 기존의 자영업자를 위한 투자금 모집 상품에서 한걸음 나아가, 매출채권을 담보로 대출을 제공하는 팩토링 상품을 업계 최초로 도입한 것이다. 펀다의 상품개발팀장은 팩토링 투자 상품을 공개하고 상품군을 확장했으나 추가적인 팩토링 투자 상품이나 역팩토링 투자 상품은 진행하지 않을 계획이라고 밝혔다. 하지만 일반인도 투자할 수 있는 매출채권 상품이 핀테크 업체에 의해 출시됐다는 점에서 무척이나 흥미를 끌고 있다[33].

팩토링/역팩토링 국내 동향 – 외상매출채권 담보대출

국내에서는 역팩토링보다 외상매출채권 담보대출이 보다 일반화돼 있다[34]. 외상매출채권 담보대출이란 공급자로부터 물품을 구매한 기업이 물품 구매 대금을 어음으로 지급하고 공급자는 그 어음(외상매출채권)을 담보로 은행에서 대출을 받는 제도다. 외상매출채권의 만기일에는 구매기업이 대출금을 대신 상환한다[35].

2014년 금융결제원에서 발표한 'B2B 거래에서 사용되는 지급결제 방식의 규모 현황'에 따르면 2011년 ~ 2013년까지 3년간 발행된 외상매출채권 담보대출은 총 984조6600억 원 정도다. 현재 우리나라 기업 간 결제(B2B)에서 외상매출채권 담보대출 시장은 약 1,000조 원 이상 규모라고 추정된다. 규모만으로 보면 외상매출채권 담보대출 상품 및 관련 시장은 이미 충분히 성숙된 것처럼 보인다[36].

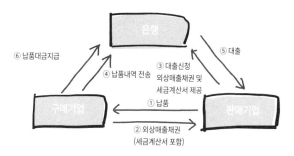

[그림 2-10: 외상매출채권담보대출 흐름도 (출처: 한국경영뉴스)[37]]

하지만 제도의 미흡한 점이 적지 않아 외상매출채권 담보대출(이하 외담대)을 악용하는 사례가 발생하고 있다. 외담대에서는 구매기업이 대출금 상환을 못 할 경우 큰 문제가 발생한다. 구매기업이 대출금을

33: 'P2P금융, 개인 신용대출 넘어 '팩토링'까지 넘본다.', 머니투데이, 2016. 6. 27
34: 외상매출채권 담보대출은 팩토링의 한 형태로 생각할 수 있다.
35: 매일경제용어사전, '외상매출채권담보대출'
36: 3년간 1000조원 외상채권담보대출 - 악용땐 중기 잡는다, news1, 2014. 10. 12
37: 중소기업 보호 위한 외상매출채권 담보대출 개선한다, 한국경영뉴스, 2017. 10. 30

제때 상환할 수 없다면 현금을 대출해준 금융기관에서는 공급기업에 '상환청구권'을 행사한다. 만약 금융기관이 상환청구권을 행사하면 공급기업이 구매기업을 대신해 외상매출채권 담보대출을 상환해야 한다. 결국 공급기업은 제품을 판매하고도 전혀 대금을 받지 못하는 상황에 놓인다.

문제는 일부 구매기업이 외담대를 이용하고 나서 고의로 부도를 내 상환 의무를 공급기업에 떠넘기고 있다는 점이다. 특히 최근 경제 사정이 악화됨에 따라 이를 악용하는 사례가 더욱 많이 보고되고 있다. 만약 이런 일이 발생하면 공급기업이 상환 의무를 지게 되므로 연쇄 도산의 위기가 발생할 수 있다[38].

역팩토링 실패

역팩토링 운영 원칙은 매우 합리적이다. 역팩토링 프로세스를 통해 공급자는 즉시 현금을 받고 구매자의 높은 신용을 이용해 좀더 좋은 조건으로 파이낸싱을 이용할 수 있다[39]. 구매자는 여러 공급자에 대한 매출채권 상환의무를 일일히 관리하지 않고 하나의 팩토링 기업에게 일괄적 관리를 일임함으로써 운영 비용을 줄일 수 있다. 즉, 외상 매입 채무를 관리하는 데 드는 비용을 줄일 수 있다. 팩토링 기업은 공급기업에게 즉각 제품 대금을 할인된 가격으로 지불함으로써 할인된 차액만큼의 이익을 창출한다. 역팩토링 프로세스는 계획대로만 운영되면 프로세스에 참여하는 모든 주체에게 혜택이 있다.

문제는 구매자가 제때 매입 채무를 지불하지 못할 때 발생한다[41]. 일반적으로 역팩토링 프로세스에서 구매기업이 가장 안정적인 재무 상태에 있다. 하지만 이들에게 갑작스럽게 사정이 생겨 매입 채무를 제때에 지불하지 못한다면, 공급자에게 매출채권을 선지급해준 팩토링 기업(대부분의 경우 금융기관)에 손해를 입힌다. 이런 일이 반복되면 팩토링 기업은 역팩토링 서비스를 제공하는 데 주저할 것이고 결국 에는 신용도가 매우 좋은 대기업 구매자와의 계약만 추진할지 모른 다. 중소 규모의 공급기업에게는 팩토링 서비스의 혜택이 돌아가지 않을 수도 있다[41].

일반적으로 역팩토링 프로그램에 참여하는 구매기업은 재정적으 로 매우 안정적이기 때문에 이같은 일이 일어날 확률은 상당히 희박 하다. 하지만 역팩토링 프로그램을 일반화하기 전에 이같은 위험을 충분히 논의하고 대비책을 마련해 놓을 필요가 있다. 특히 중소 공급 자들은 금융기관(즉, 팩토링 기업)이 일방적으로 역팩토링 프로그램을 종료하면 큰 피해를 볼 수도 있기 때문에 이같은 리스크를 사전에 논 의해 대비해야 한다.

38: 은행에서는 상황청구권이 보장되지 않는다면 외담대 취급에 소극적이게 된다. 은행 입장에서는 상황청구권이 부 도 리스크에 대한 안전 장치가 된다. 외담대가 스타트업 기업들에게 절대적으로 필요한 제도인 만큼, 금융기관이 지속 적으로 참여하게 만들기 위해서라도 상황청구권 행사 금지를 강제할 수는 없다.

39: 구매자의 신용 등급이 좋은 경우, 매출채권의 부도 위험성은 현저히 낮아지게 된다. 이 경우 공급자가 판매하는 매 출채권에 적용되는 할인율은 구매자의 신용 등급을 고려하여 낮게 결정된다. 즉, 공급자 입장에서는 구매자의 신용을 이용하여 좀더 유리한 금리로 매출채권을 판매하는 셈이다.

40: 국내에서 보편화되어 있는 외상매출채권 담보대출의 경우 동일 문제로 인해 이미 어려움을 겪고 있다.

41: Reverse Factoring: the Next Bubble?, Alejandro Serrano, 2014

씨티은행(Citi Bank)과 에티하드 항공(Etihad Airways)의 역팩토링

세계 최대 투자은행 중 하나인 씨티은행은 다양한 비즈니스 분야를 운영하는데, 공급사슬금융 솔루션도 그중 하나이다. 씨티은행에서 제공하는 역팩토링 솔루션은 그림 2-11과 같이 7가지 단계로 구성돼 있다.

1단계에서 구매자는 공급자에게 주문하고, 주문 사실을 씨티은행에 공지한다. 2단계에서는 공급자가 주문 제품을 구매자에게 배송하고 배송 세부 내용을 씨티은행으로 발송한다. 3단계에서는 씨티은행이 공급자가 발송한 배송 세부 내용을 검토하고 구매자에게 이를 통지한다. 4단계에서는 구매자가 배송받은 제품의 승인 여부를 씨티은행에 통보한다. 5단계에서는 씨티은행이 공급자에게 구매자의 승인 여부를 통보한다. 6단계에서는 공급자가 대금의 선지급(early payment)을 요청하는 경우 씨티은행이 선지급한다. 마지막 단계에서는 만기일에 씨티은행이 구매자로부터 선지급한 금액을 회수한다[42].

씨티은행은 2015년 2월 아랍에미리트 국영항공사인 에티하드항공(Etihad Airways)[43]과 역팩토링 솔루션을 제공하는 계약을

42: Supply Chain Finance - What's it worth?, Ralf W.Seifert & Daniel Seifert, IMD Perspectives for managers, 2009

43: 에티하드 항공(Etihad Airways)은 아랍에미리트(UAE) 제2의 항공사로 2003년 7월에 설립돼 11월부터 운항을 시작했다. 2016년 중동, 아프리카, 유럽, 아시아, 오스트레일리아 및 북미 120여 개국으로 매주 1000편이 넘는 항공을 운항한다. 122대의 에어버스와 보잉 항공기를 보유하고 있다. 2015년 에티하드 항공은 전년 대비 22.3% 승객 신장률을 기록했으며, 76억 달러 매출과 7300만 달러의 순이익을 기록했다. 현재 아랍에미리트에서 두 번째로 큰 항공사이자 중동 지역에서 세 번째로 큰 항공사다.

체결했다. 이 계약으로 에티하드항공과 거래하는 공급기업들은
씨티은행으로부터 역팩토링 서비스를 이용할 수 있게 됐다. 씨티
은행은 표준 역팩토링 솔루션을 항공 산업 공급망에 맞춰 수정·
보완했다. 솔루션은 2단계에 걸쳐 전개(implementation)됐다. 1단
계에서 에티하드 항공의 핵심 공급자에게 적용했고, 2단계에서
기타 모든 공급자에게 적용했다[44].

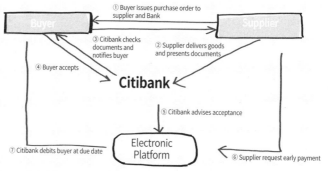

[그림2-11: 씨티은행의 공급사슬금융 프로세스 (출처: 씨티은행 웹페이지])]

　

씨티 그룹의 공급사슬금융 아시아 사업 책임자인 매튜 프롤링
(Mattheu Frohling)은 <글로벌 트레이드 리뷰(Global Trade Review)>
와의 인터뷰에서 다음과 같이 말했다. "최고의 공급사슬금융 프
로그램은 하나의 상품이나 솔루션으로 구성된 것이 아니다. 공
급사슬금융 프로그램은 끊임없이 진화하기 때문에 계속 발전시
킬 필요가 있다. 그렇기 때문에 프로그램 관리팀이 프로그램의

44: Citi and Etihad Airways Sign Supply Chain Finance Partnership, Citigroup news, 2015. 2. 23

효용과 가치를 지속적으로 확인하는 것이 정말 중요하다[45]." 씨티 그룹은 공급사슬금융에 막대한 관심을 보이며 지속적으로 솔루션을 개선하려 노력하고 있다.

화사 그룹과 ㈜최고생산설비는 역팩토링/팩토링 서비스를 이용해 매출/매입 채권을 빠른 시일 내에 현금화하기로 했다. 이를 통해 기업의 현금유동성을 개선할 수 있음을 깨달은 것이다. 그간 회사의 영업이익 부분만 신경써서 운영하면 된다고 생각하던 김 대표는 이제야 현금 흐름의 중요성을 인식하기 시작했다. '아무리 매출이 늘어도 현금 흐름이 멈추면 기업에 큰 위기가 온다.' +F 전략이 왜 '위기를 관리하는' 전략인지 이제 확실히 이해가 됐다.

---

45. SCF - the strategies you need, Matthew Frohling, GTR SIBOS SUPPLEMENT, 2013

5장 현금흐름 중시

화사 그룹은 역팩토링/팩토링 서비스로 추가 펀딩에 성공해 자금 사정이 나아지고 일시적으로 유통할 수 있는 자금 규모도 커졌다. 김 대표는 이럴 때일수록 유동성 관리에 힘을 쏟아야 한다고 생각했다. 때문에 +F 전략에서 유동성 관리를 위한 실질적인 조언을 받을 수 있을지 궁금했다.

+F 전략에서는 현금흐름과 재고관리에 초점을 맞춘 운전자본 관리를 하라고 제시한다.

운전자본 관리

기업이 지속적으로 성장하기를 원한다면 운전자본을 반드시 관리해야 한다. 운전자본은 좁은 의미로는 유동자산에서 유동부채를 차감한 순 운전자본을 의미한다. 유동자산은 고정자산에 대응하는 개념으로 일반적으로 1년 이내에 환금할 수 있는 자산을 말한다. 현금 및 현금성자산, 매출 채권, 단기투자자산 등의 당좌자산과 재고자산이 유동자산에 해당된다. 유동부채는 1년 이내에 상환해야 하는 채무를 의미한다. 보통 매입채무, 외상매입금, 만기가 1년 이내인 단기차입금, 선수금, 충당금 등이 포함된다. 운전자본은 기업이 현금으로 신속하게 전환할 수 있는 총자산을 말하며, 경영자가 단기적인 기업 활동을 수행할 때 사용할 수 있는 자금의 최대치를 의미한다. 기업이 단

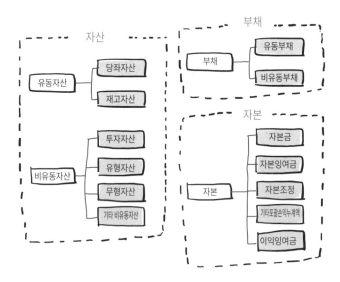

[그림 2-12: 자산, 부채, 자본]

기 부채에 대한 이자와 원금을 지불하고, 사업하는 데 필요한 자금을 적시에 공급하려면 충분한 운전자본을 유지할 필요가 있다[46].

　일반적으로 유동성과 수익성은 반비례 관계가 있다. 즉, 유동성과 수익성은 동시에 추구하기가 무척 어렵다. 여기서 운전자본 관리 딜레마가 발생한다. 만약 기업이 유동성을 확보하는 데 중점을 둔다면, 유동 부채의 비율을 낮추고 유동 자산의 비율을 높혀 운전자본을 확보할 것이다. 이렇게 하면 채무를 지급하지 못해서 파산할 확률은 낮아지지만, 필요 자금을 적절한 시기에 투자할 기회를 잃어버릴 수 있다. 적절한 투자 기회를 잃는다는 것은 성장이 둔화된다는 의미다. 반면 기업이 수익성에 중점을 두고 유동 부채를 과도하게 발행하다가는 채무 상환에 어려움을 겪는다. 기업이 채무를 상환할 수 없다면 아무리 재무제표에 수익이 늘어난다 하더라도 기업은 파산할 것이

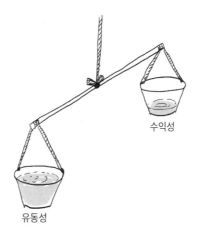

유동성과 수익성의 딜레마

수익성

유동성

46: 한경 경제용어 사전 - 유동자산 & 유동부채

다. 기업은 이같은 수익성과 유동성의 반비례 관계를 염두에 두고 현명하게 운전자본을 관리해야 한다.

운전자본관리가 기업에 미치는 영향에 대해서는 많은 검증이 이루어졌다. 2007년에 발표된 〈운전자본관리가 기업 수익성에 미치는 영향〉[47]은 운전자본 구성요인과 기업 수익성 간의 관계를 조사한 보고서다. 이 연구를 통해 기업수익성을 결정하는 운전자본 구성요인은 기업들이 당면하는 여러 가지 상황에 따라 다양하지만, 일반적으로 현금이나 매입채무의 비율이 높을수록 기업 수익성에 부정적 영향을 미친다는 사실이 증명됐다. 하지만 이같은 관계를 항상 일괄적으로 적용할 수 있는 것은 아니기 때문에 효율적인 운전자본관리만이 기업 수익성을 향상시킬 수 있다. 만약 운전자본이 이미 과잉투자된 상황이라면 운전자본을 추가로 확보하려는 노력은 기업 수익성에 긍정적 영향을 주지 않을 것이다. 이같은 결론은 운전자본 보유량에 적정 수준이 있음을 암시한다[48]. 2009년에 발표된 〈적극적인 운전자본관리가 기업 성과에 미치는 영향〉는 적극적인 운전자본관리와 기업 성과와의 관계를 연구한 보고서다[49]. 흥미롭게도 공격적인 운전자본관리와 기업 성과 간 부정적 관계가 밝혀졌으며, 투자에 보수적인 운전자본관리 전략을 사용할수록 기업 성과에 긍정적 영향을 미친다는 사실이 밝혀졌다. 2010년, 아마르지트 길(Amarjit Gill)[50]은 2005년부터 2007년까지 88개의 미국 기업을 대상으로 운전자본관리와 기업 수익성 간 관계를 조사했다. 이 연구에서는 현금전환기간(cash conversion cycle)을 운전자본이 얼마나 잘 관리되고 있는지를 측정하기 위한 프록시(proxy) 변수로 사용했다. 현금전환기간은 생산에서 판매에 이르는 과정에서 현금 유입이 지체되는 정도를 나타낸다. 보통 재고를 판매하는 데 소요되는 기간(inventory conversion period)과 매출채권을 회수하는 데 소요되는 기간(receivables conversion period)을 합산하고, 매입채무를 상환하는 데 소요되는 기간(payables conversion period)을 제외하고 계산한다[51]. 이 연구는 운전자본관리가 잘 이루어질수록 기업 수익성이 증가한다는 사실을 증명했다[52].

또다른 연구[53]는 한국 기업을 대상으로 운전자본관리가 신용 등급에 미치는 영향을 분석했다. 이 연구를 통해 보수적인 운전자본관리가 기업 신용 등급에 긍정적 영향을 미친다는 사실이 검증됐다. 매출채권과 재고 자산은 기업 신용 등급에 긍정적 영향을 미치지만 매입채무는 부정적 영향을 미친다는 사실도 밝혀졌다. 연구 데이터가 비교적 제한적(2003년부터 2013년까지의 한국신용평가㈜의 등급 자료)이지만, 국내 기업을 대상으로 운전자본관리가 기업 신용 등급에 큰 영향을 미칠 수 있음을 증명했다는 점에서 큰 의미가 있다.

47: 운전자본관리가 기업 수익성에 미치는 영향, 김흥식 & 조경식, 경영교육연구, 2014
48: 운전자본관리가 기업성과에 미치는 영향, 김형규 & 신용재, Journal of the Korea Academia-Industial cooperation Society, 2016i
49: Impact of Aggressive Working Capital Management Policy on Firms' Profitability, Mian Sajid Nazir & Talat Afza, Journal of Applied Finance, 2015
50: The Relationship Between Working Capital Management And Profitability: Evidence From The United States, Amarjit Gill, Nahum Biger, Neil Mathur, Business and Economics Journal, 2010
51: 경기중소기업여신지원센터/경기소상공인경영지원센터 블로그
52: The relationship between working capital management and profitability: Evidence from the United States, Amarjet Gill, Nahum Biger, Neil Mathur, Business and Economic Journal, 2010
53: 한국기업에서 운전자본관리가 기업신용등급에 미치는 영향, 김흥식 & 조경식, Journal of Business Research, 2015

운전자본관리는 크게 유동부채관리와 유동자산관리의 두 가지로 구분된다. 많은 기업에서 외상매입금이 유동부채를 가장 많이 차지하기 때문에 외상매입금관리가 유동부채관리의 가장 핵심 항목이다. 일반적으로 외상매입금은 기업의 매출이 클수록 증가한다. 기업 거래 규모가 커지면서 부득이하게 외상매입으로 보다 많은 원재료와 부품을 구매한다. 외상매입금과 외상매출금은 신용을 이용한 외상 거래라는 점에서 동일하지만 누가 지불하는 주체냐에 따라 구분된다. 앞서 소개한 공급사슬금융은 외상 거래가 발생한 경우 금융기관/핀테크 업체의 도움을 받아 선지불하는 방식이었다. 기업은 외상매출뿐 아니라 자신들이 거래 기업에 금액을 지불해야 하는 외상매입에 대해서도 공급사슬금융을 활용할 수 있다. 현금에 여유가 있다면 할인된 금액으로 외상매입금을 선지불할 수 있으며, 만약 여유가 없다면 정해진 만기일에, 정해진 금액을 지불한다. 공급사슬금융을 현명히 활용한다면 유동부채를 효과적으로 관리할 수 있다.

유동자산관리의 가장 핵심 항목은 현금 관리와 재고 관리다.

현금관리

현금[54]은 유동성에 가장 큰 영향을 미친다. 현금 관리의 중요성을 수많은 전문가들이 강조했다. 케빈 카이저 프랑스 인사이드(INSEAD) 경영대학원 교수는 2013년 5월 〈하버드 비즈니스 리뷰(Harvard Business Review)〉에 기재한 '현금? 회사 안에 숨어 있다. (Need Cash? Look inside Your Company)'에서 현금이 최고인 시대가 다시 찾아왔다고 주장했다. 호황인 시기에는 현금이 회사 시스템 곳곳에 존재하기 때문에 추가적으로 현금을 확보하려는 노력을 기울일 필요가 없었지만, 신용 위기 이후에는 상황이 달라졌다고 말한다. 더이상 예전같이 쉽게 현금이 유통되지 않기 때문에 기업들은 유동성 문제 탓에 종종 어려움을 겪고 있다. 적극적으로 현금을 관리해 보다 원활하게 현금을 순환시켜야 한다고 주장했다.

2014년 〈헤럴드 경제〉에 실린 '현금 흐름의 중요성'이라는 컬럼[55]에서도 현금 관리의 중요성이 강조됐다. 이 컬럼은 사업을 하다 보면 매출 침체, 적자 운영 등 어려움을 겪지만 이는 충분히 헤쳐 나갈 수 있는 위기라고 말한다. 그러나 한 번 잘못 형성된 현금 흐름은 기업의 생존 자체를 위협할 수 있다고 주장했다. 미국연방중소기업청이 조사한 중소기업체의 주된 폐업 이유 중 하나는 현금 관리 실패였으며, 미국공인회계사협회가 조사한 중소기업가의 최대 관심사 역시 현금 관리였다.

비단 전문가들의 의견을 빌리지 않더라도 현금 관리가 기업 성과와 직결된다는 사실은 반박의 여지가 없다. 기업이 현금을 효과적으로 관리해 원활히 유통시킨다면, 단기적으로는 부채를 안정적으로 갚을 수 있고, 장기적으로는 적절한 시기에 알맞은 규모로 투자할 수 있으므로 지속적으로 사업을 영위할 수 있다. 즉, 현금 관리는 단순히 부채를 상환하는 데 도움을 줄 뿐만 아니라, 미래 성장의 밑거름

54: 여기서 현금은 현금 통화뿐 아니라 당좌예금, 보통예금 등 단기적으로 인출 가능한 예금까지도 포함한다.
55: [손승관 칼럼] 현금 흐름의 중요성, 헤럴드 경제, 2014. 1. 26

을 마련하는 데도 큰 도움이 된다. 현금 흐름의 중요성은 모든 현장 경영자가 공감하고 있으며 오래 전부터 세계 어느 나라에서나 강조돼 왔다. 미국 기업은 1980년대부터 지속적으로 현금 관리의 중요성을 강조했고, 일본 기업은 1990년대에 수익보다 현금을 중시하는 기업관리 패러다임을 받아들였다[56]. 현금 관리의 중요성은 지속적으로 강조돼 왔지만, 최근 경영 환경의 불확실성이 더욱 커지면서 중요성이 재차 강조되고 있다[57].

효과적으로 현금을 관리하려면 현금이 개입하는 경영 활동을 효율적으로 수행해야 한다. 현금 유입을 촉진하고 현금 유출을 억제하는 것이 기본이다. 하지만 지나치게 현금을 보유하고 투자 활동을 억제한다면 이 또한 현명한 기업 운용이 아니다. 투자를 지나치게 억제하면 기업이 지속적으로 성장하는 데 필요한 미래 성장 동력에 대한 투자까지 위축시킨다. 적절한 현금 관리란 '현금보유량을 결정하고 이를 유지하고자 노력하며 초과 현금이 발생할 경우 적절한 곳에 투자하는 것'이다.

전문가들은 효율적으로 현금을 관리하는 다양한 방안을 제시한다. 케빈 카이저 교수는 다음과 같은 6가지 실수를 바로잡음으로써 현금을 효과적으로 관리할 수 있다고 주장한다[58].

먼저 기업들은 손익 계산서에만 근거해 재무 상태를 판단하지 말아야 한다. 손익 계산서에 나타난 당기 순이익은 실제로 기업에 유입된 현금을 의미하지 않는다. 만약 기업이 손익 계산서에 있는 지표만 중시한다면 기업의 구성원은 현금을 늘리기보다 매출을 늘리는 방식으로 행동할 것이다. 결국 매출과 이익은 증가하지만 자본 유동성이 줄어들어 만기 어음을 갚지 못하고 기업이 도산하는 상황이 발생할 수 있다.

두 번째는 영업 직원을 매출 실적에만 근거해 평가하지 말아야 한다. 이유는 유사하다. 매출 실적에만 신경쓴다면 영업 직원은 수단과 방법을 가리지 않고 매출을 올릴려고 할 것이다. 따라서 현금 흐름에 유리한 조건을 협상하기보다 고객의 구매 결정을 이끌어내 매출을 올리는 협상에만 힘을 쏟을 것이다.

세 번째 실수는 생산에서 품질만을 강조하는 것이다. 사실 품질은 생산량과 트레이드오프(trade-off) 관계에 있다. 지나치게 품질을 신경쓰다 보면 생산 속도가 더뎌져 생산량이 감소한다. 반대로 지나치게 생산 속도를 올리다 보면 품질 관리에 관심이 작아져 불량품 비율이 증가한다. 케빈 카이저 교수가 지적하는 것은 품질에 지나치게 신경을 쓰다가 많은 재고들이 공장에 묶이고, 이에 따라 재고 비용이 증가하는 상황이다. 철저한 품질 관리를 한답시고 지나치게 많은 품질 검사 공정을 도입하면 생산 주기가 길어지고, 재고관리에 보다 많은 비용이 들어가기 때문에 현금 유동성이 줄어든다.

네 번째 실수는 외상매출금과 외상매입금을 직접 매치하는 것이

56: 현금흐름경영, 한국능률협회컨설팅, 2009
57: 2016년 7월 24일 파이낸셜타임스는 금융전문가협회가 시행한 설문 조사 결과를 인용하여 브렉시트 등 경제적 불확실성이 증가함에 따라 기업들이 현금 보유량을 늘리고 있다고 보도했다. 세계적인 신용평가회사 무디스에서도 2015년 말 미국 금융 기업들의 현금 보유량이 역대 최고라고 발표했다. 이처럼 2008년말 금융 위기 발생 후, 다양한 경제 불확실성이 증가함에 따라 기업들의 현금 보유량은 점점 증가 추세에 있다. (기업들, 현금비축 늘린다 – 쌓인 현금 1조 7000억 달러, 중앙일보, 2016. 7. 26)
58: 본 책에서는 HBR 실린 원문과 DBR(동아 비즈니스 리뷰)에 실린 전문 번역본을 동시에 참고했다.

다. 때때로 기업은 공급자에 대한 외상매입금을 고객에 대한 외상매출금과 직접 매치시켜 유동성을 확보할 수 있다고 생각한다. 열흘 내에 갚아야 할 외상매입금이 있다면, 구매 고객으로 하여금 열흘 내에 외상매출금을 지불하게 함으로써 유동성을 확보하려 하는 것이다. 하지만 이같은 직접 매칭에는 여러 변수가 있다. 일반적으로 기업이 공급자와 구매자를 대하는 협상력에는 차이가 있다. 뿐만 아니라 공급자와 구매자 시장에도 큰 차이가 있다. 때문에 매출 채권과 매입 채권을 직접 매칭해 현금을 확보하겠다는 생각은 무척 위험하다. 케빈 카이저 교수는 외상매출금과 외상매입금을 전혀 다른 별개의 것으로 취급하라고 권유한다.

다섯 번째 실수는 유동비율과 당좌비율을 높이는 것이다. 일반적으로 금융기관은 부채를 발행하면서 이 두 가지 비율을 가지고 기업의 상환 능력을 평가한다. 하지만 유동비율은 유동자산(대략적으로 '현금 + 재고자산 + 외상매출금'으로 생각할 수 있다)을 유동부채로 나눈 값이고, 당좌비율은 재고자산을 제외한 유동자산을 유동부채로 나눈 값이다. 문제는 두 비율 모두 외상매출금이 증가할수록 상승한다는 데 있다. 즉, 두 비율값을 높이려고 노력하다 보면 외상매출금이 증가할 수 있고 기업의 현금 유동성 문제가 야기될 수 있다.

현금 관리와 관련해 기업이 범하기 쉬운 마지막 실수는 같은 산업의 경쟁업체와 관련 지표를 비교하는 것이다. 경영자는 자사의 현금 보유 수준이 타 경쟁업체보다 많다면 만족감을 느낀다. 하지만 경영자는 동종업계의 경쟁자가 아닌 타업종의 우량 기업과 지표를 비교하고 더 큰 혁신을 이끌어낼 방법을 강구해야 한다.

하지만 이러한 실수를 바로잡는 것보다 더욱 중요한 것은 기업이 자신의 재무제표를 면밀히 분석해 현금이 어디에 묶여 있는지 정확히 파악하는 것이다. 원활한 현금 흐름을 저해하는 요인이 과도한 재고 보유 때문에 발생하는 관리비용인지, 혹은 과도한 고정자산을 보유해 현금 매몰이 발생한 탓인지, 혹은 외상매출금의 신속한 지급이 이루어지지 않아서인지를 먼저 파악하고 대책을 마련해야 한다. 원인에 따라 자신의 문제인지 아니면 거래 업체의 문제인지를 파악할 수 있으며, 현금 흐름을 개선하는 효과적인 관리책을 마련할 수 있다.

화사 그룹도 상생단체의 매출과 ㈜최고생산설비의 매입을 직접 매칭하려고 시도하지 않은 것은 아니다. 하지만 중국 업체와 한국 업

[그림 2-13: 케빈 카이저 교수 하버드비즈니스리뷰 기고글]

체라는 문화 차이가 있었고, 환율 리스크를 신경쓰지 않을 수 없었다. 김 대표는 일단 매칭은 보류하고 공급사슬금융을 더욱 적극적으로 이용하기로 했다.

6장 재고관리

앞서 살펴보았듯이 운전자본은 유동자산과 유동부채 간의 차이를 의미한다. 재고자산은 유동자산의 주요 항목으로서 기업의 운전자본을 결정짓는 주요 요인이다. 따라서 운전자본관리의 두번째 핵심 이슈는 재고 관리다. 재고라 하면 제조기업만의 이슈라고 생각하기 쉽다. 하지만 서비스 기업에서도 재고는 발생한다. 제조기업처럼 제품을 생산해 배송하기 전까지 창고에 쌓아둘 필요는 없지만 서비스를 공급하는 데 필요한 물품을 보유하고 있어야 한다. 이러한 보유물품 역시 재고에 해당한다.

재고 관리

위키피디아에는 재고를 향후 제품 생산에 투입되거나 구매자에게 판매될 재화를 총칭하며, 완제품, 반제품[59], 재공품(work in process)[60] 원자재, 부품, 기타 필요 물자 등이 포함된다고 정의돼 있다[61]. 재고는 보유하는 목적에 따라 안전 재고, 주기적 재고, 운송 재고(혹은 파이프라인 재고), 예비 재고로 분류된다. 안전 재고는 공급, 수요 및 리드 타임 불확실성에 대처하려고 보유하는 재고다. 예상치 못한 문제가 발생했을 때도 고객 수요를 충족시키기 위해 기업이 최소한으로 보유하는 재고를 의미한다. 주기적 재고는 기업이 정상적인 재고 소진을 한 이후에 발생하는 재고 보충량을 의미한다. 운송 재고는 파이프라인 재고 혹은 수송 중 재고라고도 알려져 있으며, 보통 한 지점에서 다른 지점으로 이동 중인 재고를 의미한다. 발주는 했으나 아직 도착하지 않은 재고를 의미한다. 예비 재고는 수요·공급의 변화에 대응하고자 준비하는 재고다. 예를 들어 제품의 수요 대부분이 특정 시기에 집중적으로 발생한다면, 수요가 적은 기간에도 생산을 지속해 예비 재고를 비축한다. 이러면 수요가 폭발적으로 증가하더라도 생산 수준을 늘릴 필요 없이 예비 재고를 활용해 대응할 수 있다.

　재고자산이 증가하면 기업의 유동자산이 증가한다. 유동자산의 증가는 기업의 운전자본 수준을 높인다. 단순히 유동성 확보라는 측면에서만 생각해본다면 재고 자산의 증가는 기업에게 이득이다. 또한 재고 자산의 증가는 재고가 부족해 판매할 수 없게 되는 사태를 막

아주고 이에 따른 고객 만족도 하락을 미연에 방지해준다.

하지만 재고 자산을 무조건 늘리면 다른 문제점이 생긴다. 고객의 요구에 언제나 대처하려고 재고를 늘리다보면 재고유지비용도 늘어난다. 재고보유비용과 고객 만족도라는 두 가지 요인이 서로 상쇄 관계(tradeoff)인 셈이다. 반대로 기업이 재고유지비용을 줄이는 것에만 열심이라면 돌발적인 고객 수요에 대응하기 어려워져 고객 만족도가 감소할 것이다. 고객 만족도와 비용은 어느 것 하나 버릴 수 없는, 모두 기업 운영에 핵심적 요소다. 하지만 안타깝게도 이들은 상쇄 관계에 있기 때문에 기업은 두 가지 요소의 최적 조합을 찾아내야 한다. 즉, 고객 만족도를 유지할 수 있는 최소의 재고 수준을 찾아야 한다.

최근에는 제품의 다양성이 증가함에 따라 기업의 재고 수준 및 관리비용이 증가하고 있다. 재고 수준에 대한 판단이 잘못되면, 재고가 부족한 상황이 올 수도 있고, 반대로 너무 많은 재고를 보유해 비용을 낭비하게 될 수도 있다. 만약 원자재 재고가 부족하다면 생산이 중단될 수 있고, 완제품 재고가 부족하다면 고객의 수요를 제때에 만족시키지 못해 고객 만족도가 떨어질 수 있다. 재고를 필요 이상으로 보유하고 있다면 관리비용이 증가하므로 기업의 수익성이 악화된다. 재고 과잉/재고 부족으로 어려움을 겪은 많은 기업들의 사례가 있다.

59: 제품이 복수의 공정을 거쳐 완성될 경우, 하나의 공정이 완료된 후 다음 공정에 인도되지 않고 대기 상태에 있는 제품을 의미한다. (영화조세통람)

60: 현재 생산 과정 중에 있는 물품을 의미한다. 제품이나 반제품과는 달리 현재 판매가 불가능하며, 추가적인 가공 작업을 필요로 한다. (매일경제용어사전)

61: 위키피디아 '재무상태표'

재고 자산 과다보유에 따른 문제	재고 자산 과소보유에 따른 문제
자금 구조의 악화 - 운전 자금의 증가 및 자금의 고정화 - 차입금 증가 및 이자비용의 증가	납품 경쟁력 악화 - 제품 결품에 따른 납품 신뢰성 악화 - 납기지연에 따른 고객의 신뢰도 악화 - 수주생산기간 장기화에 따른 수주경쟁력 악화
재고 비용의 증가 - 재고관리 관련 인건비 증가 - 보험료, 창고비(감가상각비/임대료), 운반비 증가 - 악성/불용 재고 관리/폐기비용 증가	재고 비용의 증가 - 긴급조달에 따른 구매단가의 상승 - 긴급/수시조달에 따른 운반비의 증가
판매기회손실 증가 - 재고자산 진부화 등에 의한 부가가치의 감소 - 장기 재고에 대한 가격 인하로 이익 감소	판매기회손실 증가 - 결품/납기지연에 따른 판매기회손실 증가

[표2-9: 재고 자산 과다/과소보유에 따른 문제 (출처: 중소기업 경영위기 진단과 대응)[62]]

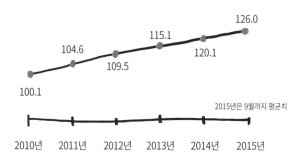

[그림2-14: 국내 제조업 재고율 증가(출처: 통계청)[63]]

재고 자산 과다보유 사례[64]

(1) 중국 의류 업계

중국 의류 업계는 재고 과잉 탓에 괴로움을 겪고 있다. 중국 시장정보 업체 윈드(Wind)가 38개 상장 의류 기업의 2015년 실적 보고서를 분석한 결과, 연말 재고 물량은 한화 약 6조 2,000억 원 수준으로 총 자산의 21.47%를 차지했다. 기업 대부분에서 재고 수준이 크게 늘어났을 뿐 아니라 재고자산회전율 또한 크게 감소했다.

증가된 재고량은 기업 성장을 저해하는 주요 원인이다. 증가된 재고 중 대부분이 완제품인데, 팔지 못한 제품이 쌓이면서 관리비용이 증가하고 있다. 또한 제품판매주기가 늘어나서 기업의 운영 부담이 증가하고 있다. 예를 들어, 중국 토종 의류브랜드인 메이방은 총자산에 대한 재고자산 비중이 30%까지 증가했고 2015년 보유 현금은 크게 줄었다. 메이방은 증시 상장 7년만에 처음으로 마이너스 순익을 기록했고, 다수의 직영점 및 가맹점을 폐쇄하기에 이르렀다. 중국 유명 남성복 브랜드인 치피랑 또한 2015년 재고자산이 8억 4,300만 위안에 이르렀고, 크게 증가한 재고관리비용 탓에 어려움을 겪었다.

중국 의류 기업들의 재고 수준이 큰 폭으로 증가한 데에는 여러 가지 이유가 있다. 먼저 중국 경제의 성장 속도가 둔화되면서 소비자 구

62: 중소기업 경영위기 진단과 대응, 중소기업산업연구원, 2015. 8. 4
63: 2009년 하반기부터 국내 제조업체들의 재고율은 계속 상승하고 있다. 전 세계적인 수요둔화 및 경제 하강으로 인해 과잉공급현상이 지속되고 기업들이 버티기식 생산을 지속한 결과이다. 장기 재고 물량이 저가로 시장에 풀릴 경우, 디플레이션 압력이 높아질 수 있다. ('재고 늪'에 빠진 한국경제, 서울경제, 2015. 11. 18)
64: 14억명 15년치 재고에 매몰된 의류산업, NEWSPIM, 2016. 5. 12

매력이 위축됐다. 또한, 소비자가 직접에서 구매하기 시작하면서 해외 브랜드의 중국 시장 점유율이 증가했다. 구매 채널이 온라인으로 빠르게 변화했음에도 불구하고 중국 의류 기업은 온라인 판매 채널을 적극적으로 개척하지 않았다는 분석도 있다. 경제가 나빠지고 타 브랜드로의 고객 유출이 심화됨에 따라 매출은 감소하였지만 이들 업체는 재고 수준을 관리하고 생산 속도를 조절하는 등의 노력은 기울이지 않았다. 결과적으로 크게 증가된 재고 탓에 재고관리비용이 상승했고, 기업 수익성은 악화됐다.

(2) 디스플레이 패널/TV 제조사[89]

LG디스플레이는 2015년 글로벌 TV용 LCD 디스플레이 패널 시장에서 시장점유율 1위를 기록했다. 하지만 2016년 1분기 실적 발표에서 매출은 15%, 영업 이익은 95%, 당기 순이익은 100%가 하락했다. 가장 큰 하락 원인은 중국 기업이 LCD 페널에 공격적인 투자를 했기 때문이다. 중국 기업은 정부 지원을 등에 업고 LCD 패널에 매우 공격적인 투자를 감행했다. 대표적으로 중국 최대 디스플레이 업체인 BOE는 신규 LCD 패널 공장 건설에 3년간 약 20조 원을 투자하기로 결정했다. 이같은 결정에 대응해 한국 기업도 생산 능력을 강화하고 생산량을 늘렸다. 하지만 오히려 완제품 TV 제조사의 패널 수요가 감소하고 말았다. 대표적 LCD 패널 구매업체인 삼성전자의 2015년 패널 구매량은 증가했다. 하지만 이러한 증가는 시장에 대한 지나친 낙관이 만들어낸 일시적인 현상이었고 패널 구매량은 다시 조정되기 시작했다. 패널 구매량과 TV 출하량 간 갭이 상당히 벌어졌고 추가적인 패널 구매량은 빠른 속도로 줄어들었다. 결국 LCD 패널 제조업체의 재고량은 빠르게 증가했고 늘어난 비용 부담 탓에 큰 어려움을 겪었다.

재고 자산 과소 보유 사례

(1) 시멘트 업체 및 건설사[66]

2016년은 국내 분양 시장 호황이 정점에 달하였다. 분양 시장 호황에 따라 주택 건설이 증가하면서 건설에 필요한 시멘트가 부족해졌다. 시멘트는 재고 보유 부담이 크기 때문에 건설 수요에 맞춰 월별 생산량을 조절한다. 일반적으로 겨울철에는 대규모 건설을 착공하는 비율이 적기 때문에 비수기 생산량은 성수기 생산량에 크게 못 미친다. 하지만 신규 주택 건설이 증가하면서 건설 비수기인 겨울철에도 시멘트 사용량이 크게 증가했다. 시멘트 예비 재고량은 거의 소진됐고, 시멘트 생산량을 급하게 늘렸지만 본격적인 건설 성수기가 되자 시멘트가 부족한 현상이 발생했다. 신규 건설이 한창 중인 대형 공사장은 시멘트 수급에 어려움을 겪었다. 시멘트 생산 업체는 과거 대비 출하량을 15% 늘렸지만 신규 주택 건설에 필요한 시멘트 수요에는 크

65: LCD 패널 가격 우수수, LG디스플레이 1분기 적자 불가피, news1뉴스, 2016. 4. 7
66: 시멘트 재고 부족 피 마르는 건설사, 경인일보, 2016. 4. 22

게 부족한 실정이다. 건설업체들이 적시에 시멘트를 수급하는 데 실패한다면 공사 지연 탓에 금전적 손실도 만만치 않게 입을 것이다. 시장 수요를 정확히 파악하지 못해 적절한 재고량을 유지하는데 실패하였고, 이로 인한 손실을 감수해야 할 것이다.

일반적으로 기업은 여러 가지 제품을 생산하고, 현실적으로 모든 제품에 대한 재고를 보유·관리하기는 불가능하다. 기업은 투자 규모, 매출액, 재고 소진 시 손실비용, 고객 요구를 충족시키지 못함에 따라 발생하는 기회 비용 등을 기준으로 중요도가 높은 재고에 더욱 신경을 쓸 수밖에 없다. 재고 품목의 상대적 중요도에 따라 관리 노력을 차별화하는 대표적인 방안이 ABC 분석이다. ABC 분석은 제너럴 일렉트로닉(General Electric, GE)사의 포드 디키(Ford Dicky)가 매출에 기여도가 큰 제품을 파악하려고 조사하면서부터 시작됐다.

ABC 분석은 80/20 법칙, 혹은 파레토 법칙에 기반한다. 파레토 법칙을 재고에 적용하면 기업 매출의 80%는 20%의 제품에서 발생한다. 재고 관리와 조사에는 많은 비용과 시간이 소요된다. 따라서 모든 제품을 관리하고 조사하기보다, 파레토 분석에 기반해 전체 매출액의 80% 이상을 차지하는 20% 제품을 집중 관리하는 편이 더욱 효과적이다. ABC 분석은 재고 관리 인력과 투입 예산이 제한된 상황에서 자원을 가장 효율적으로 활용하는 재고관리 방안이다.

ABC 재고 관리 시스템은 우선 순위에 따라 재고를 A, B, C 세 가지 그룹으로 분류한다. 물론 이같은 분류는 기업 사정에 맞게 더욱더 세분화할 수 있다. 연간 매출액의 80%를 차지하는 20%의 품목들을

A 그룹으로 분류한다. B 그룹은 연간 매출액의 15%를 차지하는 대략 40%의 품목이다. C 그룹은 나머지 잔여 품목들로서 대략 연간 매출액의 5%를 차지하는 40% 품목이다. 재고를 분류한 뒤에는 각각의 그룹 중요도에 적합한 관리 기준을 설정한다. 만약 제품이 A 그룹에 속한다면 재고 수준을 꾸준히, 자주 관찰하고 안전재고 수준을 높게 설정한다. 만약 제품이 C 그룹에 속한다면 간헐적인 재고 조사를 실시하며, 때로는 품절에 따른 손실 비용을 감당하는 편이 나을 수 있다.

홈디포(The Hope Depot)의 재고 비용 감소

미국의 최대 건축자재 및 인테리어 도구 판매 업체인 홈디포는 2000년 12월 밥 나델리(Bob Nardelli)를 새로운 CEO로 임명했다. 제너럴 일렉트릭(General Electric, GE)의 부사장이던 밥은 홈디포의 최고경영책임자로 부임한 다음, 여러 가지 혁신 정책을 추진했는데 그중 하나가 재고 관리 개선이었다[67]. 밥 나델리는 오랜 기간 판매가 되지 않거나 과도하게 보유하고 있는 재고를 정리하라고 독려했다. 매장 매니저들은 재고 속도(inventory velocity)를 철저하게 관리했다. 재고 속도란 컴퓨터 제조업체인 델(Dell)이 개발한 측정 기법인데 제품이 매장에 들어와서 나가기까지의 속도를 의미한다. 재고 속도를 관리한다는 것은 재고자산회전율(inventories turnover)를 높히는 것을 의미한다.

67: 밥 나델리의 경영은 많은 비판에 시달렸다. 홈 인테리어 산업에 경험이 없는 CEO였기 때문에 업계의 사정을 잘 모른다는 시각이 존재했다. 2007년 홈디포의 최고경영자직을 물러날 때까지 큰 성공을 거둔 정책들도 많았지만 실패로 돌아간 정책들도 상당수 있다.

이같은 노력을 바탕으로 홈디포는 2003년 40억 달러의 현금을 추가 확보하는데 성공했다[68]. 현금 보유량이 증가한 것은 여러가지 노력이 복합적으로 작용된 결과지만, 잉여 재고를 처리해 재고 수준을 낮춘 것도 큰 원인 중 하나로 평가됐다. 밥 나델리가 처음 CEO로 부임한 해에 홈디포는 1억 6700만 달러 정도의 현금만 보유하고 있었다.

현재도 홈디포는 "적게 보유하는 것이 더 좋다(Less is more)"라는 모토를 지키고 있다. 매장에 다양한 종류의 물품을 천장 가득히 쌓아 놓기보다 소비자들이 살펴볼 수 있는 정도의 물품을 눈에 잘 띄게 전시하는 것을 선호한다. 홈디포의 공급망 관리 담당자인 토마스 쇼트(Thomas Shortt)는 연간 15%의 매출 성장을 목표로 하지만 재고보유수준은 그대로 유지하거나 오히려 조금 낮출 것이라고 밝혔다. 홈디포는 확장에 따른 무조건적인 재고 증가보다는 재고를 적절히 유지해 비용을 관리하는 데 더 초점을 맞추고 있다.

최근에는 고객이 매장을 직접 방문하기보다 온라인 쇼핑을 선호하자, 이같은 주문은 매장을 거치지 않고 물류 센터에서 직접 처리한다. 즉, 매장이 보유한 재고를 배송하는 것이 아니라 물류 센터의 재고를 배송한다. 이같은 상황에서 각각의 매장이 많은 재고를 보유하는 것은 효율적이지 않다. 매장에 재고가 많다면 관리비용만 늘릴 뿐이다.

기업 입장에서 매장에 재고를 두는 과정을 살펴보자. 먼저 물류 센터에서 매장으로 재고를 배송해야 한다. 매장으로 재고를 배송하는 데 비용이 발생한다. 매장에서 재고를 보유하고 있는 기간에 따라 비용이 발생하고, 악성재고가 되면 관리비용 역시 빠르게 증가한다. 이같은 상황에서는 매장의 재고 수준을 낮추는 편이 홈디포의 현금 유동성을 개선시킬 것이다[69]. 기업들에게 전략 컨설팅을 제공하는 포튜나 어드바이저(Fortuna Advisor) CEO인 그레고리 밀라노(Gregory V.Milano)는 2012년 〈트레져리와 리스크(Treasury & Risk)〉와의 인터뷰에서 적시생산방식(Just-in-time)이나 린 제조방식(lean manufacturing)으로 재고 수준을 줄여야 기업의 운전자본 관리와 현금 흐름에 효과가 있다고 주장했다[70].

홈디포(The Hope Depot)

홈 인테리어 관련 물품 및 건축 자재·도구 등을 판매하는 미국 최대의 메가스토어다. 1978년 버나드 마르커스(Bernard Marcus), 아서 블랭크(Arthur Blank), 팻 파라(Pat Farrah)이 창업했다. 현재 미국 애틀랜타에 본사를 두고 있으며, 미국 50개 주 전역, 캐나다 및 멕시코 전역에 매장을 두고 있다. 매출 규모로는 미국 최대를 자랑하며, 가장 큰 경쟁업체로는 로이스(Lowe's)가 있다. 홈디포는 2000년대 초반 로이스의 체계적인 재고 관리 시스템 및 물류 시스템을 모방하기도 했다.

68: Home Depot is Struggling To Adjust to New Blueprint, The Wall Street Journal, 2003. 1. 17
69: Retailer Rethink Inventory Strategies, The Wall Street Journal, 2016. 6. 27
70: The Case for Working Capital, Gregory V.Milano, Treasury & Risk, 2012. 3

홈디포 매장은 홈 인테리어 용품을 판매하는 메가스토어답게 엄청난 크기를 자랑한다. 평균 매장 면적은 9,755제곱미터(약 3,000평)에 이르며 제품은 물류 창고 형식으로 진열돼 있다. 너무 많은 종류의 제품을 창고 형식으로 판매하다 보니 재고 순환이 잘 이루어지지 않아 전통적으로 재고 관리를 중시해 왔다.

홈디포는 2006년 12월 중국의 주택 개조 및 홈 인테리어 업체인 홈웨이(The Home Way)를 인수하고 신속하게 중국 6개 주요 도시에 12개의 매장을 오픈했다. 하지만 홈디포는 중국에서 큰 실패를 맛본다. 2012년 9월, 홈디포는 매장 대부분을 폐쇄하고 중국 시장에서 실패했다고 공식적으로 인정했다. 홈디포는 실패 원인을 홈디포의 '스스로 하는 문화(Do-it-yourself)'와 이에 익숙치 않은 중국 소비자와의 차이점에서 찾았다[71].

[그림2-15: 홈디포 매장 모습 (출처: 위키피디아)]

71: 위키피디아 'The Home Depot'

7장 헤지란 무엇인가?

화사 그룹은 공급사슬에서 자금 흐름을 해결할 수 있는 힌트를 얻었다. 그리고 남은 또하나의 리스크인 글로벌 환율을 관리하는 데에도 +F 전략이 유용할지 따져 보았다. +F 전략은 리스크를 관리하는 전략이라는 측면에서 봤을 때 결국 헤지(hedge)와 통하게 되어 있었다. 헤지란 주로 금융업에서 사용하는 용어다. 리스크를 회피하는 상쇄 포지션을 의미한다. 금융 기업은 언제 닥칠지 모르는 불확실성에 대비해 다양한 헤지 전략을 구사한다. +F 전략은 금융 기업이 염두에 두고 있는 헤지까지 관리망에 포함한다.

그렇다면 금융 기관의 헤지를 먼저 살펴보다. 기본 헤지 전략으로 분산 투자가 있다. 예를 들어 펀드 매니저는 예금, 펀드, 주식 등 다양한 자산에 분산해 투자한다. 어느 하나의 상품에서 손실이 발생하더

헤지는 양을 지켜주는 울타리(hedge) 같은 것

라도 다른 상품에서 발생한 이익으로 이를 상쇄할 수 있다.

헤지는 +F 전략에서 리스크를 화이트 리스크로 바꾸는 데 필요한 핵심 기법이다. 효율적인 리스크 회피 전략으로 위기를 해소하고 기업 경쟁력을 강화할 수 있다. 헤지 전략은 금융업에서 시작됐지만, 모든 산업에서 활용된다. 기업이 다양한 제품을 디자인하고 여러 마켓에 동시에 진출하려고 계획하는 것도 일종의 헤지 전략이다. 제품 출시 전에는 고객이 어느 디자인을 가장 매력적으로 생각할지 100% 예측할 수 없기 때문에 기업은 다양한 제품군을 출시하곤 한다. 하나의 디자인이 시장에서 큰 호응을 불러일으키면 여기서 발생하는 이익으로 다른 디자인을 개발한 손실을 상쇄한다. 또한 기업은 자사의 제품이 어떤 마켓에서 인기 있을지 100% 예측하기 어렵다. 이에 판매 경로를 다양화해 하나의 시장에서 발생한 손실이 다른 시장에서 발생한 이익으로 상쇄되도록 시장 다변화 전략을 추구한다. 이같은 전략은 시장 환경의 불확실성에 대비해 기업이 추구하는 헤지 전략의 예시다.

중요한 것은 이같은 헤지 전략을 전사적 관점에서 기업의 다른 의사결정 프로세스와 융합해 시행하고 있는지 여부다. 위기가 발생하면 순간순간 대응하는 것이 아니라 기업의 프로세스와 시장 환경을 분석해 위기를 예측하고 선제적으로 구사하는 헤지 전략이 리스크를 화이트 리스크로 바꾸는 중심 전략이다. 화사 그룹 김최고 대표는 현재 겪고 있는 위기 상황에 대한 대응 메뉴얼이 전무하다는 사실에 당황했다. 화사 그룹에는 환율 변동은 물론, 새로운 규제, 현지 문화 이해 부족, 유동성 문제 등 여러 위기가 잠재하고 있다. 정기적으로 진행하는 최고임원회의에서 잠재 리스크를 주제로 한두 번 논의한 적이 있을 뿐 이에 대한 체계적인 예측을 시도하지 않았다. 당연히 이같은 위기를 대처하는 방안과 방안별 예상 효과를 심도 있게 분석하지도 못했다. 무엇보다 김최고 대표는 아직 마주하지 못한, 하지만 치명적일지 모르는 위기가 더 존재할지도 모른다는 생각에 두려웠다.

보험(insurance)을 통한 헤지

사업 환경과 회사 그룹의 공급망을 고려한 리스크 분석을 시도한 적이 없기 때문에 이같은 공포는 더욱 커져만 갔다.

리스크 분류

2008년 금융 위기 후, 기업들은 리스크 관리에 많은 관심을 기울이기 시작했다. 금융 위기에서 직접 충격을 받은 금융기관뿐 아니라 타 업종의 기업도 다양한 리스크 시나리오를 점검하고, 위기 관리 시스템을 준비하기 시작했다. 최근에는 IT 및 네트워크 기술이 발전해 리스크가 광범위하게 빠른 속도로 그 영향력을 넓힐 수 있다. 위기 상황이 오면 소비자도 즉각 반응한다. 기업들은 리스크 관리에 더욱더 신경 쓰기 시작했다.

표 2-10은 기업에 발생한 다양한 리스크 유형을 기업의 대응 실패 및 성공 여부에 따라 분류한 것이다. 노무라 증권(Nomura Securities)이나 월마트(Walmart) 같은 기업은 자신에게 닥친 위기를 성공적으로 해결해 오히려 고객의 신뢰도를 높였다. 반면 도요타 자동차(Toyota)나 도시바(Toshiba) 같은 기업은 위기 상황에 적절히 대응치 못해 매출 부진 등 어려움을 겪어야만 했다. 기업이 위기 상황에 효과적으로 대응할 수 있는지 여부는 기업의 생존을 결정짓는 아주 중요한 문제다.

유형	실패	성공
이물질 투입/변질 (유통 과정)	- 농심 새우깡 이물질 사고 (2006) - 유키지루시유업 우유 식중독 사고(2000) - 벨기에 코카콜라 이물질 흡입 (1999)	- 존슨 & 존슨 타이레놀 사건 대응 - 일본 산쿄제약 독극물 협박 대응
안전 및 돌발 사고	- 삼성중공업 태안 기름유출 사고(2007) - 롯데월드 놀이기구 안전사고 (2006) - 일본 도카이무라 방사능 누출 은폐(1999) - 엑슨 유조선 기름유출 사고 (1989)	- 두산의 페놀사건에 대한 효과적 대응 - 아시아나 항공의 목포공항 사고에 대한 효과적 대응
불건전 비윤리 경영	- 베어링스 사의 도산(1995)	- 노무라 증권의 비윤리적 경영으로 위기를 겪은 후 혁신
사이버 상의 미흡한 대응	- 도시바의 고객 A/S 요구 무시 (1999) - 인텔 펜티엄칩 오류(1994)	- 월마트의 안티사이트 대응 - 시스코시스템즈의 인터넷 공지를 통한 이미지 제고

[표 2-10: 기업의 위기 관리 성공 및 실패 사례]

(출처: 사례분석을 통한 기업위기 유형별 대응방안 수립)[71]

리스크 관리 성공

갑자기 닥친, 예상치 못한 위기에 성공적으로 대응한 기업의 사례는 많다. 그중 대표적으로 유리조각 소동에 대응한 세계적인 이유식 회사 거버(Gerber)의 사례를 보자. 1980년대 초반, 거버의 이유식에 유

71: 사례분석을 통한 기업위기 유형별 대응방안 수립, 홍한국·우보현·임광혁, 한국지식정보기술학회(2011)

리조각이 섞였다는 뉴스가 보도되면서 기업 브랜드 가치에 큰 타격을 입었다. 이 소동은 한 여성의 단순한 불평에서 시작됐다. 뉴욕 지역의 한 방송사가 이 사건에 대한 공식적인 조사 결과가 나오기도 전에 이 여성의 불평이 사실인 양 보도하는 바람에 거버에 대한 불신이 미국 전역으로 확대됐다. 거버와 미국식품의약국(FDA)의 분석 결과에 의하면 유리조각이 나온 이유식은 한 개도 없었다. 하지만 잘못된 뉴스 때문에 고객의 불만과 우려 사항이 지속적으로 접수됐다. 심지어 일부 고객은 이유식을 전량 회수하라고 요구했다. 거버는 기업의 존폐를 위협할 만큼 심각한 상황이었지만 전사적 차원에서 위기 의식을 가지고 대응했다. 고객이 곧 돌아올 것이란 믿음으로 차분하지만 적극적으로 위기 대응책을 구사했다. 공신력 있는 기관에 제품 정밀 검사를 의뢰하고, 미디어와 적극적으로 소통해 자사 제품을 올바로 알리려 노력했다. 고객에게 직접 메일을 발송해 뉴욕 방송사의 보도가 틀렸음을 밝히고 고객의 의문을 적극적으로 해명했다. 거버는 적극적인 위기를 관리하려고 노력한 덕분에 1년도 채 지나지 않아 신

제품에 대한 정밀 검사 의뢰

다양한 미디어를 통해 검사결과와 회사의 입장을 적극적으로 밝힘

고객들에게 이메일을 발송하고 고객의 의문에 직접 응답함

사고 발생 후 1년이 지나지 않아 시장 점유율 회복

[그림2-15: 거버의 위기 극복 사례]

속히 시장 점유율을 회복했다. 이유식에 유리 조각이 들어 있다고 우려하는 소비자 수는 현저하게 감소했고 거버에 대한 소비자 신뢰는 신속하게 회복됐다.

거버(Gerber Products Company)[72]

거버는 이유식 및 육아용품 생산업체다. 거버는 1927년 통조림 과일 및 채소를 생산하던 대니얼 프랭크 거버(Daniel Frank Gerber)가 설립했다. 당시 아내인 도로시(Dorothy)가 생후 7개월인 딸의 이유식을 만드는 모습을 보고 힌트를 얻었다고 한다. 창립 직후에 다섯 가지 종류의 이유식을 시장에 출시한 것을 시작으로 현재는 80여 개의 나라에 약 190 종류의 이유식을 판매하고 있다. 이유식 산업에서 가장 영향력 있는 브랜드로 여겨지며, 특히 미국 시장에서의 점유율은 80%를 넘는 다고 알려져 있다.

거버는 1994년 산도쯔 랩(Sandoz Laboratories)에 합병된 후, 1996년 산도쯔와 시바-가이기(CIBA-Geigy)가 합병해 설립된 노바티스(Novartis)라는 기업의 일부가 됐다. 이후 2007년 글로벌 식품 기업인 네슬레(Nestle)에 5억 달러(한화 약 6조 원)의 가격에 합병됐다.

72: 위키피디아 'Gerber Products Company'

리스크 관리 실패

도요타와 렉서스

거버와는 다르게 갑자기 닥친 위기 상황에 적절하게 대응하는 데 실패한 기업도 많다. 때로는 위기 원인을 은폐하려 했고 근본적인 대응책보다 임시 방편을 모색했다. 대표적인 위기 관리 실패 사례는 2009년부터 2010년까지 발생한 도요타 리콜 사태다. 도요타는 당시 글로벌 5대 자동차 기업에 뽑힐 정도로 품질과 기술을 인정받고 있었다. 렉서스는 도요타 자동차의 고급차 브랜드다. 도요타는 1980년대 뛰어난 품질과, 내구성, 높은 연비를 내세워 가파르게 성장했지만 저가 자동차 브랜드라는 이미지를 탈피하는 데 어려움을 겪었다. 이에 프리미엄 자동차를 위한 별도 브랜드로 1989년 미국에서 론칭한 것이 렉서스다.

대규모 도요타 리콜 사태는 2009년 8월 28일 미국에서 렉서스 ES350 모델이 급발진을 일으켜 탑승자 전원이 사망한 이후 시작됐다[73]. 이로 인해 10여 종 모델, 1000만대가 넘는 도요타 모델이 리콜되었다. 도요타의 위기 관리 시스템은 오작동을 일으켰다. 먼저 급발진에 대한 정확한 원인 규명에 지나치게 긴 시간이 소요됐다. 또한 사태의 심각성을 잘못 판단하고 도요타의 생산 방식의 명성을 지키는 데만 급급했다. 불량 사실을 은폐하고 우리 책임이 아니라는 식의 언론 발표를 일삼았다. 심지어 리콜 사태의 책임을 부품을 제공한 공급자 탓으로 돌리려 한 정황까지 드러났다. 이후 장판과 가속 페달, 전자제

어장치 소프트웨어 등에 문제가 있음이 밝혀지고, 이같은 문제가 도요타의 무리한 원가 절감에서 야기되었음이 밝혀지면서 도요타에 대한 소비자 신뢰는 걷잡을 수 없이 추락하였다. 자동차업계 역사상 최고 벌금인 12억 달러(한화 약 1.3조 원)의 벌금이 부과됐으며, 천만 대가 넘는 리콜 차량 처리에 천문학적인 비용이 투입됐다. 소비자의 신뢰를 잃은 도요타의 차량 판매 대수는 급감했다. 도요타가 입게 된 금전적 손실은 어마어마했다.

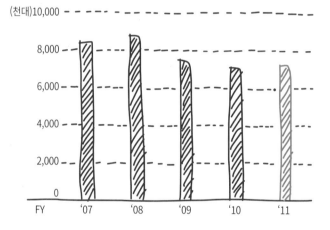

그림2-16: 도요타 판매대수 변화 (출처: TOYOTA ANNUAL REPORT 2011)

도요타는 무리하게 해외 시장으로 확장하려다가 품질보다 원가를 강조하는 정책을 추구했고 이는 여러 기술적인 결함을 야기했다. 결과적으로 도요타는 크나큰 대가를 치루어야 했다. 도요타 리콜 사태는 적절히 리스크 관리를 했더라면 피해를 좀 더 최소화할 수 있었을

73: 나무위키 '렉서스'

것이다. 도요타는 전사적 리스크 관리 팀을 구성해 신속한 원인 규명에 모든 노력을 기울여야 했고, 언론과 소비자의 공포를 적극적으로 수용하며 해결 방안에 대한 청사진을 공유했어야 했다. 문제가 완전히 종료될 때까지 전사적 리스크 관리 팀의 지휘 아래 문제를 해결하는 데 기업 역량을 집중했어야 한다. 품질 보장과 철저한 애프터 서비스 제공 덕분에 탄탄한 소비자 신뢰를 이룩한 도요타였기에 이같은 리스크 관리에서의 실패로 소비자의 신뢰를 잃었다는 사실이 더욱 아쉽게 다가온다.

일반적으로 기업의 리스크 관리 프로세스는 다음과 같이 구성된다[74].

(1) 기업의 비즈니스에 큰 영향을 미치는 위험 요인 및 환경 변화 파악
(2) 위험 요인의 효과 및 발생 확률 분석, 위험의 우선 순위 분석
(3) 가능한 헤지 전략 파악
(4) 각각의 전략 실행에 따른 효과 분석
(5) 헤지 전략 실행
(6) 지속적인 모니터링

리스크 관리 프로세스를 구축하려면 기업은 먼저 시장 환경을 분석해야 한다. 기업의 내·외부 사업 환경과 변화를 야기하는 요인을 파악하고 이를 기반으로 기업 목표를 달성하는 데 위협이 될 만한 리스

크를 확정해야 한다. 위험 요인을 파악한 후에는 리스크를 계량화해야 한다. 각각의 리스크가 발생할 확률을 분석하고 파급 효과를 예측하려면 효율적인 리스크 측정 지표도 개발해야 한다. 측정 지표를 이용해 최우선적으로 관리해야 하는 리스크를 결정할 수 있다.

잠재 리스크를 분석했으면, 리스크를 관리하기 위한 헤지 전략을 수립해야 한다. 리스크 전담팀이나 리스크 위원회를 구성하는 것이 효과적이다. 단·중·장기 헤지 전략을 수립하고, 최고 리스크 책임자 (Chief Risk Officer, CRO)의 지휘 아래 기대 효과를 분석해야 한다. 헤지 전략의 기대 효과가 충분히 검증됐다면 실질적으로 비즈니스에 적용한다. 단기적으로 성공했다 하더라도 지속적으로 모니터링해서 헤지 전략의 효율성을 계속적으로 검증해야 한다. 필요하다면 전략을 중도에 수정할 필요도 있다.

보통 ERM(Enterprise Risk Management)은 전사적인 리스크 관리 체계 혹은 시스템을 일컫는다. 과거 기업은 리스크가 발생할 때마다 개별적으로 대응했다. 통합적으로 리스크를 관리하는 시스템이 없었기 때문에 리스크 요인을 분석해 리스크에 선제 대응하는 것이 무척 어려웠다. ERM에서는 다양한 리스크 요인을 통합·관리하는 조직 및 시스템을 구축해 실제로 리스크의 영향을 받기 전에 선제 대응하는 것을 원칙으로 삼는다.

기업에게 닥칠 수 있는 리스크에는 어떤 것이 있을까? 국제 표준인 ISO31000에서는 '리스크'를 "어떠한 일을 추진하는 데에 존재하는

74: 위키피디아 'Enterprise risk management'

불확실성으로 인한 효과"라고 정의한다. 리스크는 여러 가지 원인에서 발생할 수 있다. 돈을 투자했다면 투자의 불확실성에서 리스크가 발생할 것이고, 프로젝트를 수행하고 있다면 프로젝트의 디자인부터 실행·검증까지 각 단계마다 실패의 불확실성에서 리스크가 발생할 것이다. 새로운 시장에 진출한다면 예상치 못한 규제에 직면할 수 있고, 자연 재해, 인적 사고 등 때문에 예상치 못한 피해를 볼 수도 있다. 이같은 사건은 현재 시점에서는 확률을 이용해 예측할 수밖에 없다. 따라서 불확실성을 내재한 리스크 발생 요인으로 분류한다. 리스크 발생 요인은 다양하고, 예측할 수 없는 부분이 많기 때문에 체계적인 관리 프레임워크를 구축할 필요가 있다.

리스크 관리의 중요성을 일찍이 깨달은 쪽은 금융업이다. 큰 금액을 투자해 수익을 관리하는 산업의 특성상 리스크 관리의 중요성은 크게 부각될 수밖에 없다. 금융기관은 오래 전부터 리스크를 분류하는 체계적인 프레임워크를 구축했다. 전통적으로 금융기관은 재무 리스크와 비재무 리스크로 구분했다(그림 2-17). 재무 리스크에는 신용 리스크, 시장 리스크, 유동성(Liquidity) 리스크, 금리 리스크 등이 있으며, 비재무 리스크에는 운영 리스크, 평판 리스크, 전략 리스크, 법률 리스크 등이 있다.

금융기관을 감독하는 국제 기준인 바젤 협약에서 중점적으로 언급한 것은 신용 리스크, 시장 리스크, 운영 리스크다. 바젤 협약은 1974년 세계 주요 10개국(G10)의 중앙은행 총재가 모여 각 국가별로 상이한 은행 감독 기준을 확정해 국제적으로 공조하고자 설립한

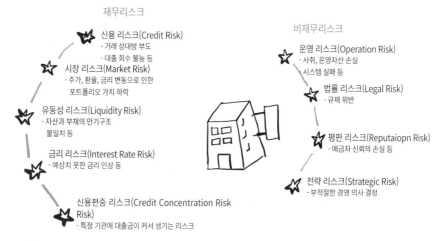

재무리스크

신용 리스크(Credit Risk)
- 거래 상대방 부도
- 대출 회수 불능 등

시장 리스크(Market Risk)
- 주가, 환율, 금리 변동으로 인한
  포트폴리오 가치 하락

유동성 리스크(Liquidity Risk)
- 자산과 부채의 만기구조
  불일치 등

금리 리스크(Interest Rate Risk)
- 예상치 못한 금리 인상 등

신용편중 리스크(Credit Concentration Risk
Risk)
- 특정 기관에 대출금이 커서 생기는 리스크

비재무리스크

운영 리스크(Operation Risk)
- 사취, 운영자산 손실
  시스템 실패 등

법률 리스크(Legal Risk)
- 규제 위반

평판 리스크(Reputaiopn Risk)
- 예금자 신뢰의 손실 등

전략 리스크(Strategic Risk)
- 부적절한 경영 의사 결정

[그림 2-10: 금융 리스크 분류 (출처: 한국은행 금요강좌)[75]]

바젤은행감독위원회가 발표한 금융 국제 표준이다. 현재 바젤은행
감독위원회에는 대한민국을 포함해 27개국 중앙은행이 참여하고 있
다. 바젤은행감독위원회는 1988년과 2004년 바젤 Ⅰ, 바젤 Ⅱ 를 순
차적으로 발표했다. 2008년, 금융 위기가 전 세계를 강타하자 리스
크 관리의 중요성은 더욱 커졌다. 이에 바젤은행감독위원회는 기존
의 바젤 Ⅱ를 수정·보완해 2010년 바젤 Ⅲ를 발표했다[76]. 바젤 협약에
서 언급하는 신용 리스크는 거래 상대방의 부도나 채무 불이행으로
인한 금전적 손실 가능성을 의미한다. 마켓 리스크는 금리, 환율 등
금융시장 관련 변수가 바뀌어서 보유 자산의 가치가 감소하는 위험
을 의미한다. 운영 리스크는 부적절하거나 잘못된 업무 절차, 숙달되
지 못한 인력, 비효율적인 시스템 등으로 발생하는 손실 가능성을 의

75: 금융리스크와 바젤 Ⅲ의 주요 내용, 한국은행, 2011
76: 네이버 시사상식사전 '바젤은행감독위원회'

미한다. 바젤 협약을 통해 은행이 보유한 위험자산에 대한 자기자본의 적정보유비율을 제시했으며, 특히 바젤 III에는 금융 위기 시 개별 은행의 복원력을 높이기 위해 보유자본 적정성 규제를 크게 강화하고 유동성 비율 규제를 별도로 도입했다. 리스크 관리에 대한 관심이 커지면서 다양한 금융 리스크에 대한 연구가 이루어지고 있지만 여전히 많은 사람들이 관심을 기울이고 다채로운 헤지 방안이 연구된 것은 바젤 협약에서 강조된 신용·시장·운영 리스크다. 그러나 금융업에 적용하는 리스크 분류 방법을 일반적인 제조 기업에까지 적용하기에는 다소 무리가 있다. 일반 제조 기업에 적용할 수 있는 리스크 분류 방법은 다양하다. 내/외부 리스크에 따른 분류, 자연/인적/기술적 리스크에 따른 분류, 재무적/비재무적 리스크에 따른 분류 등 여러 기준에 따라 리스크를 분류한다. 리스크란 기업이 처한 환경과 기업의 규모, 업종, 조직 형태에 따라 다르기 때문에 모든 제조 기업에게 공통으로 적용할 수 있는 리스크 분류 체계는 어쩌면 큰 의미가 없을지도 모른다.

그럼에도 불구하고 몇가지 유용한 리스크 분류 체계를 소개하려 한다. 물론 기업이 속해 있는 산업의 속성과 기업이 구축한 공급망에 따라 예상되는 리스크의 형태는 다르다. 하지만 비교적 공통으로 적용할 수 있는 리스크 분류 체계를 가지고 기업 각자에 적합한 리스크 분류 체계를 개발할 수 있으리라 생각된다.

첫 번째는 1993년 미트로프(Mitroff)와 피어슨(Pearson)이 제시한 리스크 분류 체계다. 미트로프와 피어슨은 미국제조인협회(National Association of Manufacturers)의 의뢰를 받고 미국 내 수많은 기업 책임자와 인터뷰해서 이 분류 체계를 완성했다. 이들은 리스크를 구분하는 두 가지 기준을 제시했다(그림 2-18). 첫 번째는 리스크 정상도이고 두 번째는 리스크 속성이다. 가로축 오른쪽에 위치한 리스크는 비교적 정상적인 리스크이기 때문에 사전 예측이 가능하다. 반면에 가로축 왼쪽에 위치한 리스크는 사전 예측이 어려운 비정상적 리스크다. 비정상적 리스크는 사전 예측이 어렵기 때문에 발생하면 기업 생존에 치명적인 영향을 미칠 것이다. 세로축 윗쪽에 위치한 리스크는 기술·경제적인 측면에서의 리스크이고, 아래쪽에 위치한 리스크는

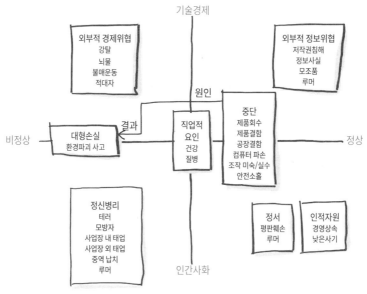

[그림2-18: 리스크 분류 (출처: 한국표준협회 보고서)[77]]

77: 기업의 리스크관리지원을 위한 정책방안 연구보고서, 한국표준협회 기술표준원, 2011: Mitroff와 Pearson의 연구에 대해 인용한 부분을 재인용했다.

인간·사회적인 측면에서의 리스크다.

국내 제조 기업에게 좀 더 적합한 리스크 분류 체계는 2011년 한국표준협회에서 발표한 〈기업의 리스크관리지원을 위한 정책방안 연구 보고서〉에서 찾을 수 있다. 한국표준협회는 다양한 선행 리스크 분류 체계를 검토해 표 2-11과 같은 리스크 분류 체계를 완성했다. 발생 원천에 따라 전략 리스크/규제 리스크/운영 리스크/재해 리스크/재무 리스크로 분류했다. 각각의 리스크는 고유한 특성과 발생 원인, 파급 효과가 있다.

전략 리스크 (Business Strategic Risk)	**개념**: 시장 환경의 변화 및 이에 따른 전략적 의사 결정에서 발생하는 리스크 **발생 원인**: 경영을 둘러싼 제반 환경의 변화, 비즈니스 의사결정 **특성**: 외부적, 큰 임팩트, 기회공존
규제 리스크 (Legal & Regulatory Risk)	**개념**: 정부 규제의 변화 및 이에 따른 규제 대응 활동으로 발생하는 리스크 **발생 원인**: 규제/법의 변동, 법률적 의무 불이행 **특성**: 외부적(국가기관), 임의적
운영 리스크 (Operational Risk)	**개념**: 부적절한 회사 운영이나 업무 처리로 인하여 발생하는 리스크 **발생 원인**: 경영 통제의 부적절, 사람의 실수/부정, IT 시스템 오류 **특성**: 내부적, 반복적
재해 리스크 (Natural/Hazard Risk)	**개념**: 자연 재해, 화재, 테러 등 예상하기 어려운 재해로 인하여 발생하는 리스크 **발생 원인**: 자연 재해, 사고, 테러, 해킹 **특성**: 외부적, 예측불가능성
재무 리스크 (Financial Risk)	**개념**: 회사의 재무 관리와 관련하여 발생하는 리스크 **발생 원인**: 유동성 부족, 시장 가격/가치의 변동 **특성**: 내·외부적인 성격 공존, 정량적 손익에 직접 영향

[표2-11: 리스크 분류 (출처: 한국표준협회 보고서)]

전략 리스크는 시장 환경이 변화해 신규 전략을 수립하거나 기존 전략을 수정하는 과정에서 발생한다. 신규 전략을 수립·수정하고자 기업 내부에서 의사 결정하는 과정에서 발생하는 리스크를 의미한다. 규제 리스크는 정부의 규제가 계속 변화함에 따라 발생하는 리스크다. 특히 최근에는 글로벌 공급망을 구축하기 때문에 외국 정부의 규제 변화에 신속하게 대응할 필요가 있다. 만약 규제 변화에 신속히 대응하지 못한다면 천문학적 규모의 페널티를 지불하거나 사업의 지속 자체가 불가능하게 될 수도 있다. 세 번째는 운영 리스크다. 운영 리스크는 기업의 업무 처리 미숙 혹은 시스템 결함 때문에 발생한다. 우리가 흔히 실수라고 생각하는 사고가 운영 리스크로 분류되는데, 작은 실수가 누적돼 커다란 손실을 야기할 수 있다. 네 번째는 재해 리스크다. 자연 재해나 화재 등 예상하기 어려운 재해로 인하여 발생하는 리스크를 의미한다. 재해 리스크는 예측이 불가능하며, 일반적으로 피해 규모가 상당히 크다. 마지막은 재무 리스크다. 기업이 사업을 지속하는 한 여러 경로로 금융 상품과 금융 시장에 노출된다. 부채를 청산하고 기업이 성장하려면 필수적으로 현금 유동성을 관리해야 한다. 이에 관련된 모든 리스크가 재무 리스크다.

공급망에 존재하는 다양한 리스크도 여러 가지 방식으로 분석했다. 일부 전문가들은 공급망 리스크 관리(Supply Chain Risk Management)라는 이름으로 공급망에서 발생할 수 있는 다양한 리스크를 분석한다. 전문가들은 공급망에서 일어날 수 있는 리스크를 크

78: Supply Chain risks: a review and typology", Rao, Shashank and Thomas J.Goldsby, The International Journal of Logistics Management, 2009
79: 지속가능 공급사슬의 리스크관리를 위한 프레임워크 및 연구방향, 문종혁, 이영해, 대한산업공학회/한국경영과학회 춘계공동학술대회, 2010

게 환경적 요인·산업적 요인·조직적 요인에 의해 발생하는 것으로 분류했다[78,79]. '환경적 요인'은 정치나 규제 변화를 의미하고 '산업적 요인'은 제품 시장이나 타사와의 경쟁에서 유발되는 불확실성을 의미한다. '조직적 요인'은 주로 노동 측면에서 비롯된 불확실성인데 노동 불안이나 작업장에서의 근로자 생산성 변화, 기기 고장 등으로 발생하는 불확실성을 의미한다.

우리는 기업이 마주할 수 있는 다양한 리스크 중 운영 리스크, 평판 리스크, 환율 리스크, 전염 리스크, 규제 리스크를 +F 전략에서 꼭 고려해야 할 5대 리스크로 선정했다. 5가지 리스크를 선정한 이유는 다음과 같다. +F 전략은 주로 제조 기업에 잘 적용된다. 제조 기업에게 그림 2-17 같은 금융기관들을 대상으로 한 리스크 분류 체계는 적합하지 않다. 금융기관의 상품 및 공급망 형태는 제조 기업의 그것과는 무척이나 다르기 때문이다. 또한 일반 기업을 대상으로 만든 그림 2-18이나 표 2-11과 같은 리스크 프레임워크도 +F 전략에 맞는 리스크 분석으로는 적합하지 않을 수 있다. 이 리스크 프레임워크는 전사적 리스크 관리 체계를 구축하려는 기업에게는 좋은 출발점일지 모르지만 지나치게 다양한 세부 리스크를 포함하고 있어 +F 전략의 관점에서 보면 다소 비효율적이기 때문이다.

우리는 운영 리스크, 평판 리스크, 환율 리스크, 전염 리스크, 규제 리스크의 다섯 가지 리스크가 +F 전략의 성패에 큰 영향을 미치는 핵심 리스크라고 판단했다. 금융공급망을 구축하고 +F 전략에 관심 있

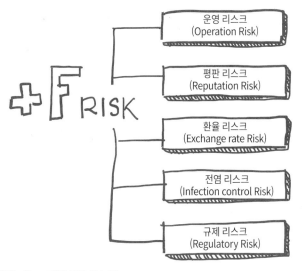

[그림2-19: +F 전략 주요 리스크]

는 기업은 이 다섯 가지 리스크에 보다 세밀한 관심을 기울여야 하며 효과적인 관리 체계를 구축해야 한다.

+F 운영리스크

사실 운영 리스크(operational risk)라는 말은 금융업에서 널리 사용되고 있다. 원래 운영 리스크라는 말은 보험업에서 시작됐는데, 국제금융 규제 기준인 바젤 II에 의해 금융업 전체에 적용되기 시작했다. 2004년, 바젤 II는 기존의 리스크 관리 시스템에서 경시한 전산시스템 오류나 직원의 부정행위 등 프로세스 및 시스템 실패에서 비롯된 손실을 운영 리스크라 규정하고 이를 관리할 기준을 신설했다. 금융기관에게 운영 리스크 관리란 국제 규약에 의해 반강제로 이행되는 필수 사항이다. 최근에는 다양한 금융 신상품 개발과 IT시스템 복잡성 증가, 글로벌화 때문에 운영 리스크 관리의 중요성이 더욱 커지고 있다. 금융기관은 운영 리스크를 시장 리스크 혹은 신용 리스크와 마찬가지로 하나의 독립된 리스크로 인식하고 체계적으로 관리하려고 노력하고 있다.

+F 전략에서 운영 리스크는 프로세스, 사람, 시스템이 충분히 관리되지 못해서 비롯되는 리스크다. 공급망의 불충분한 생산 능력과 불충분한 정보에 기인한 생산·운영 계획 수립, 시스템 오작동, 운영 인력의 작업 실수 등이 운영 리스크를 발생시키는 주요 요인이다. 운영 리스크는 다변화·다양화 전략, 유연화 전략, 품질 관리 도입으로 관리할 수 있다.

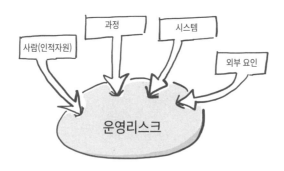

[그림 2-20: 운영 리스크 발생 원인]

(출처: GARP(Global Association of Risk Professionals) 웹사이트)

다변화·다양화 전략은 한 파트에서 발생한 실패가 다른 파트에서 발생한 성공으로 상쇄될 수 있도록 공급망을 계획하는 것이다. 시장을 다변화하거나 제품 포트폴리오를 다양하게 구성하는 방법 등이 있다. 어떤 지역에서 제품이 성공할지, 어떤 디자인이나 색상이 성공할지는 제품을 실제로 출시하기 전까지 알 수 없다. 정보가 불충분한 상태에서 수립된 생산·운영 계획을 가지고는 실제로 제품이 출시된 이후에 기업의 효율성을 최적하기 힘들다. 기업은 제품을 다변화하고 시장을 다양화해 불충분한 정보에 기인한 생산·운영 계획에서 유발되는 리스크를 헤지할 수 있다. 화사 그룹을 예로 들자면 처음에는 여러 가지 색상의 립스틱을 출시했다가 고객의 반응을 본 후, 가장 인기가 있는 립스틱 생산에 집중한다. 다양한 색상의 제품을 준비했다가 고객이 어떤 제품을 좋아하는지 충분한 정보를 얻은 후, 최적화된

[그림 2-21: 화사 그룹의 립스틱 색상 선택]

공장 운영 계획을 수립하는 것이다. 신제품을 여러 국가에서 동시에 출시하는 방식도 비슷한 맥락이다. 여러 시장을 동시에 목표로 하지만 처음에는 시장별 소량의 재고만 준비한다. 제품 출시 후 일정 기간이 지나 소비자 반응이 파악되면 그중 반응이 좋은 나라를 선택해 집중 마케팅을 실시하고 재고를 우선 배정한다. 시장 다변화 전략으로 충분한 정보를 먼저 얻고 이를 바탕으로 비효율적인 공급망 운영을 개선해 운영 리스크를 헤지한다.

운영 리스크 관리 2: 유연화 전략[80]

유연화 전략은 예상치 못한 상황이 발생했을 때 기업이 유연하게 대처할 수 있도록 공급망을 설계하는 전략이다. 예를 들어, 생산 공정을 모듈화해 어떤 제품이 시장에서 실패하더라도 해당 제품 생산 공정을 신속하게 타제품 공정으로 전환한다. 다양한 제품의 생산 공정을 최대한 유사하게 설계하고 제품 간 차이를 발생시키는 프로세스를 최대한 후순위에 배치하는 '지연화(postponement) 전략'도 좋은 예시다. 화사 그룹의 브랜드로 생산되는 여성용 면도기는 현재 한국과 미국 시장에서 인기가 있다. 그런데 두 나라에서 사용되는 전원(110V vs 220V)이 다르기 때문에 제품을 다르게 생산할 수밖에 없다. 전원 관련 파트를 제외한 다른 모든 파트를 동일한 생산 공정에서 제조하고 전원 관련 파트는 생산 공정의 맨 마지막에 배치하면, 한국과 미국의 시장 상황에 따라 유연하게 생산 물량을 조정할 수 있다. 중국으로 진출하더라도 마찬가지다. 기업은 신속히 생산 공정을 바꿔 인기 있는 시장에 우선 공급할 수 있다. 시장을 모두 커버할 정도로 기업의 생산 능력이 충분하지 않을 때의 불확실성을 헤지하는 전략이다. 생산시설을 신속히 재배치할 수 있도록 생산 공정을 설계하는 것이나, 다양한 지역의 원자재 공급업체와 거래하는 것도 유연화 전략의 한 예시다.

운영 리스크 관리 3: 품질 관리[81]

품질 관리는 작업 인력의 실수에서 비롯된 결함을 줄이려는 노력에서 시작됐다. 현재까지 TQM(Total Quality Management), 식스 시그마(Six Sigma) 등 수많은 품질 관리 기법이 나와 있다. 가장 많은 기업의 관심을 받는 품질 관리 기법은 식스 시그마인 듯하다. 식스 시그마란 1987년에 획기적으로 품질을 개선하고자 모토로라에서 개발한, 통계학이 기반인 품질 관리 기법이다. 모토로라는 1970년대 후반부터 경쟁에서 일본 기업에 밀리기 시작했다. 주력 사업인 통신 장비 및 반도체 시장의 점유율이 줄었다. 모토로라 경영진은 일본 기업을 벤치마킹해 고객이 요구하는 품질을 충족시키는 것만이 해결책이라 결론내리고 구체적인 품질 향상 방안을 연구했다. 당시 마이클 해리(Mikel Harry)라는 모토로라 엔지니어가 통계학 기법을 사용해 품질 문제를 해결하려고 여러 가지 시도를 했는데, 이것이 식스 시그마의 시초라고 일컬어진다.

제품의 생산 공정이 표준정규분포를 따르고 프로세스 평균이 일

80, 81: 물류 및 공급사슬관리의 전략적 이해, 김재일 외 3인, 2009

정하다면, 생산된 제품의 99.99966%는 제품 사양의 평균에서 4.5 표준 편차(즉 시그마) 이내에 분포해야 한다. 식스 시그마를 설명할 때 사용되는 백만분의 3.4개의 결함(3.4ppm, 3.4 part per million)은 이로부터 유래됐다. 제품의 최저/최고 허용 규격이 4.5 표준 편차값 미만에 형성돼야 한다는 의미이다. 통계적으로 평균의 6 표준 편차(식스 시그마)는 전체 표본의 99.9999998%를 포함하기 때문에, 원칙적으로 식스 시그마는 백만분의 0.2 결함 정도를 의미한다. 하지만 장기적으로 시스템을 운영할 때, 프로세스 평균이 1.5 표준 편차 이동할 수 있다고 가정한다. 이에 1.5 표준 편차와 4.5 표준 편차를 더하여 식스 시그마라고 부르고 있다[82].

+F 평판리스크

+F 전략에서 명심해야 할 두번째 주요 리스크는 '평판 리스크(reputational risk)'다. 기업은 자금을 조달하려고 채권을 발행하거나 파이낸싱 서비스를 이용한다. 만약 기업의 평판이 좋지 않다면, 특히 기업의 신용도에 문제가 있다면 적시에 필요한 만큼의 자금을 조달하는 데 어려움을 겪는다. 금융기관 대부분은 거래 기업의 평판, 특히 신용 등급에 근거해 거래 여부를 결정하며, 만약 기업의 신용도가 좋지 못하다면 설령 파이낸싱 서비스를 받더라도 높은 이자율을 감내해야 할 것이다.

일부 금융기관들은 자체적인 기업신용평가 시스템을 보유하고 있다. 하지만 금융기관 대부분은 외부 신용평가기관에서 제공하는 기업 신용 정보를 이용한다. 국내의 대표적인 외부 신용평가기관에는 한국신용평가, 한국기업평가, 나이스 신용평가가 있다. 이들 3대 신용평가기관은 국내 기업 평가 시장에서 2013년 이후 지속적으로 32~34% 정도의 동일한 평가건수 점유율을 점하고 있다[83].

외부 신용평가기관은 기업의 부도 가능성을 평가해 기업 신용 위험의 수준을 서열화한 후, 위험 수준이 유사한 기업을 동일한 등급으로 계량화한다. 즉, 위험 수준이 유사한 기업은 동일한 신용 등급을 부여받는다. 신용 등급은 금융기관에서 신용 위험을 바탕으로 의사 결정이 필요한 경우, 예를 들어 기업과의 신용 거래를 진행하거나 파이낸싱 서비스를 제공할 때 승인 여부를 결정하는 주요 근거다. 뿐만 아니라 기업이 공공기관에서 추진한 프로젝트에 입찰한 경우에도 낙찰을 결정하는 주요 변수로 사용되는 등 많은 부문에서 활용되고 있다.

이같이 기업의 평판, 특히 신용도 평판은 다채롭게 활용되기 때문에 전략적으로 관리해야 한다. 2015년, 〈전자신문〉 기업성장 지원센터에서 신용 등급을 관리하는 6가지 방안을 제시했다[84]. 가장 중요

109: 위키피디아 '6시그마'
110: 최근 이러한 신용평가기관에 의해 제시되는 신용등급 신뢰도에 대한 비판이 꾸준히 제기되고 있다. 신용평가기관들이 안정적인 시장 점유율과 높은 이익률을 보이기 때문에 지속적인 품질 개선이 부재하다는 평가가 잇따르고 있다. 한국신용평가, 한국기업평가, 나이스신용평가의 3사가 제시하는 등급에 차별성이 없고, 급격한 부도 등에 대한 신용평가의 적시성 문제도 꾸준히 제기되고 있다. (한국금융위 공청회 "신용평가사 신규 진입 허용해야", 시사오늘, 2016. 7. 29)
111: 기업신용평가등급 개선을 위한 기본 전략, 전자신문 기업성장지원센터, 2016. 5. 25

한 것은 재무제표 등의 회계 자료를 투명하게 관리하는 것이다. 만약 회계 자료에 부정직한 사실이 있다면, 그리고 그것을 외부 감사기관이 밝힌다면 기업의 신용도는 회복할 수 없을 만큼 큰 타격을 입는다. 두 번째로 부채비율 등 일부 재무제표를 개선한답시고 무리하게 회계 처리를 수정하지 말아야 한다. 부채비율 같은 재무비율은 기업의 신용등급 결정에 큰 영향을 미치지만, 이것이 절대 기준은 아니다. 오히려 비율 지표를 개선하려고 무리하게 회계 처리를 하다가는 역효

등급	정의
AAA	원리금 지급확실성이 최고 수준이며, 현단계에서 합리적으로 예측가능한 장래의 어떠한 환경 변화에도 영향을 받지 않을 만큼 안정적임.
AA	원리금 지급확실성이 매우 높지만 AAA 등급에 비해 다소 열등한 요소가 있음.
A	원리금 지급확실성이 높지만 장래 급격한 환경 변화에 따라 다소 영향을 받을 가능성이 있음.
BBB	원리금 지급확실성은 인정되지만 장래 환경 변화로 원리금 지급확실성이 저하될 가능성이 있음.
BB	원리금 지급확실성에 당면 문제는 없지만 장래의 안정성 면에서는 투기적 요소가 내포되어 있음.
B	원리금 지급확실성이 부족하여 투기적이며, 장래의 안정성에 대해서는 현단계에서 단언할 수 없음.
CCC	채무불이행이 발생할 가능성이 내포하고 있어 매우 투기적임.
CC	채무불이행이 발생할 가능성이 높아 등급에 비해 불안요소가 더욱 많음.
C	채무불이행이 발생할 가능성이 높고 현단계에서는 장래 회복될 가능성이 없을 것으로 판단됨.
D	원금과 이자가 지급불능상태에 있음.

[표 2-4: 나이스 신용평가 기업신용등급 (출처: 나이스 웹사이트)]

과를 일으킬 수 있다. 세 번째로 세금이나 은행 대출 등을 적기에 납부해야 한다. 필수적이다. 일부 중소기업이 소액을 연체하거나 납부를 소홀히 하는 경우를 종종 볼 수 있다. 신용평가기관은 납부를 연체한 이력이 있는 기업이라면 금액에 상관없이 유동성에 문제가 있다고 판단할지 모른다. 네 번째로 영업이익과 자기자본 관리를 충실히 해야 한다. 때때로 기업은 외향(매출액)을 향상시키는 데만 집중한 나머지 기업의 내실(영업이익 및 자기자본비율)을 충실히 하는 데 소홀하다. 신용평가를 할 때는 기업의 매출액 규모도 보지만 기업이 얼마나 충실하게 사업을 성장시켜 왔는지를 보다 중요한 판단 기준으로 삼는다. 다섯 번째로 대출 등 타인자본 관리를 철저히 해야 한다. 물론 기업이 성장하려면 적절한 시기에, 적절한 규모의 외부자금을 조달하는 일은 무척 중요하다. 하지만 타인자본에 대한 의존도가 회사의 자산 규모나 매출액에 비해 지나치게 높다면 좋은 신용 평가를 받기는 어려울 것이다. 마지막으로 현금흐름표를 작성해야 한다. 기업은 효율적으로 현금을 관리하기 위한 현금흐름표를 가지고 있어야 한다. 현금흐름표를 바탕으로 운전자본에 대한 균형적 관리와 수익성 개선을 달성한다면 좋은 신용 평가를 기대할 수 있다.

일부 금융기관들은 내부 신용평가시스템을 구축했다. 이같은 내부 시스템은 기업의 재무제표를 반영하는 통계적 계량 모형과 비재무적인 요인에 대한 전문가 평가를 반영하는 비계량 모형으로 구성된다. 일반적으로 내부 신용평가시스템을 보유한 금융기관은 자체 시스템으로부터 분석한 결과와 외부 기관이 평가한 자료를 종합해 기업과의 거래 여부를 결정한다. 기업은 어떠한 요인이 자사의 신용도에 핵심적인 영향을 미치는지 파악하고 이같은 요인을 관리하는데 최선을 다해야 한다.

+F 환율리스크

+F 전략의 세 번째 주요 리스크는 환율 리스크(exchange rate risk)다. 현재 중국으로 생산기지를 확장하려고 하는 화사에게 닥친 문제이기도 하다. 글로벌 공급망이 구축됨에 따라 과거와는 비교도 할 수 없을 정도로 해외 거래가 빈번히 발생한다. 기업은 해외에서 원자재를 수입해 국내 혹은 제3국의 공장에서 제품을 생산하고 다양한 국가로 완제품을 수출한다. 다른 통화를 사용하는 해외 공급자·소비자와 거래하면 기업은 환율 변동에 취약해진다. 화사 그룹을 예로 들어보자. 이 기업은 한국 제품을 중국에 생산기지를 설립해 중국 유통망(상생집단)에서 판매하려 한다. 상생집단은 자신들의 이익금을 제외하고 판매 대금을 화사 그룹 본사에 위안화로 지불한다. 하지만 화사 그룹은 한국 회사이기 때문에 중국에서 발생한 매출과 수익을 원화로 환산해야 한다. 화사 그룹은 환율 변화에 민감할 수밖에 없다. 만약 위안화 가치가 원화 대비 10% 하락한다면 중국에서 판매되는 이 제품의

85: 예를 들어 1000원의 가치가 6위안이라고 가정해 보자. 만약 위안화의 가치가 10% 하락했다면, 1000원을 구매하려고 지불해야 하는 위안화는 6.6위안으로 증가할 것이다. 따라서, 중국에서 판매하는 제품의 가격도 10% 올려야 한다.

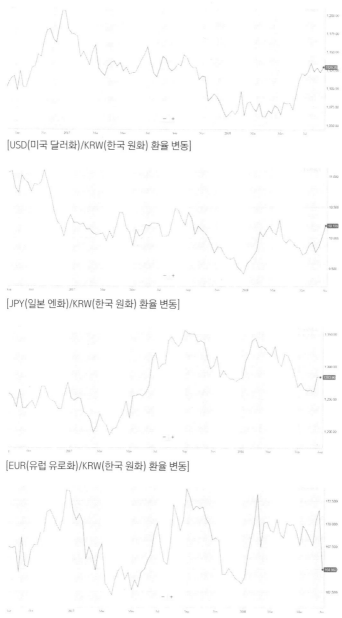

[USD(미국 달러화)/KRW(한국 원화) 환율 변동]

[JPY(일본 엔화)/KRW(한국 원화) 환율 변동]

[EUR(유럽 유로화)/KRW(한국 원화) 환율 변동]

[CNY(중국 위안화)/KRW(한국 원화) 환율 변동]

[그림 2-22: 주요 환율 변동 (출처: 야후 파이낸스)]

가격은 10% 상승할 것이다[85]. 만약 화사 그룹이 기존 가격을 유지한다면 제품의 마진은 하락할 수밖에 없다.

따라서 기업은 환율 리스크에 노출돼 있다. 이같은 환율 리스크를 헤지하려고 기업은 금융 상품을 거래한다. 환율의 상승 혹은 하락에서 발생하는 손해를 금융 상품 거래에서 발생한 이득으로 상쇄해 보상받으려 하는 것이다. 화사 그룹이라면 선물 거래를 이용할 수 있다. 현재 가격으로 선물 계약한다면 위안화의 가치가 떨어지더라도 선물 거래로 이득을 취해 감소한 제품 마진율을 상쇄할 수 있다.

구체적으로 어떤 선물 거래를 통해서 환율 리스크를 헤지할 수 있는지 살펴보자. 예를 들어, 현재 3개월 후에 만기되는 선물 가격이 1위안당 170원이라고 가정하자. 화사 기업은 1만 개의 위안화 선물 거래를 매도했고, 3개월 후 환율은 1위안당 160원으로 하락했다. 화사 기업은 선물 거래로 위안화당 170원 - 160원 = 10원의 차익을 실현할 수 있다. 여기 1만 개의 위안화 선물 거래를 매도했으므로 10만 원의 이익을 봤다. 환율이 170원에서 160원으로 하락했다는 것은

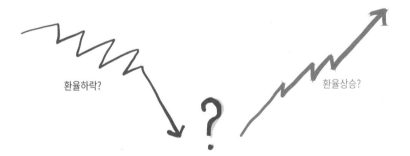

환율리스크

환율하락?

?

환율상승?

위안화의 약세, 혹은 원화의 강세를 의미한다. 이러면 원화로 표기되는 화사 그룹의 매출액은 이전과 동일 매출을 달성했다는 가정 아래 감소한다. 예를 들어, 이번 달과 3개월 후의 매출액이 1만 위안으로 동일하다고 한다면, 화사 그룹의 매출액은 170만 원에서 160만 원으로 감소한다. 하지만 선물 시장에서 10만 원의 이득이 발생했기 때문에 매출액 감소로부터 발생한 손해는 헤지된다.

이렇듯 해외 시장에 진출해 있거나 해외에서 원자재를 수입하는 국내 기업은 환율 변화에 무척 민감하다. 이러한 기업은 환율 변화에 대한 위험 노출액(exposure)을 정확히 평가하고 헤지 전략을 수립해야 한다. 환율을 헤지하는 데에는 금융 시장에 대한 전문적인 지식이 요구되므로 기업은 재무 인력의 육성에도 힘을 기울여야 할 것이다.

+F 전염 리스크

+F 전략에서 고려해야 할 네 번째 리스크는 전염 리스크(infection control risk)다. 최근 그리스가 채무 위기를 겪자 세계 경제에 위기감이 찾아왔다. 기업들은 2008년 금융위기 때 한 국가 혹은 한 거대 기업의 부도가 투자를 경색시키고 유동성 문제를 야기한다는 것을 경험했다. 그리스 부도처럼 전 세계 경제에 위험에 빠뜨릴지 모르는 뉴스가 들린다면, 비록 실현되지 않았다 하더라도 공포 때문에 기업은 필요 이상으로 위축된다. 신규 투자를 하고 사업을 확장하기보다 사태를

관망하려 한다. 이러한 현상은 국가 경제, 글로벌 경제 전반으로 퍼져나간다. 이처럼 특정 국가 혹은 일부 기업의 위기가 다른 국가 혹은 타 기업으로 전염되는 현상을 전염 리스크라고 부른다. 어떤 이들은 전염 리스크가 바이러스와 같다고 말한다. 바이러스가 평상시에는 조용히 잠복하고 있다가 면역 체계가 허약해지면 순식간에 창궐하듯이, 일부 국가·기업의 부실로 세계 경제의 면역 체계가 허약해지면 공포감이 순식간에 퍼져나간다[86].

재무 기반이 취약한 신생 국가나 기업은 더욱 큰 공포감을 느끼기 때문에 전염 리스크에 더욱 취약하다. 재무 기반이 취약한 국가·기업일수록 갑작스러운 위기에 대응할 능력과 자금이 부족하기 때문에 전염 리스크에 대한 공포는 더욱 클 수밖에 없다. 위기 상황을 이겨낸 경험이 부족한 국가·기업은 위기에 대한 두려움을 필요 이상으로 크게 가지기도 한다.

유럽중앙은행(ECB)은 2011년 발표한 〈금융안정 보고서〉를 통해

전염 리스크의 위험성은 2008년 리만 브라더스 사태 때보다 더욱 커졌다고 경고했다[87]. 전염 리스크 자체의 파급력이 더욱 커졌을 뿐 아니라 긴장감도 커져 신용을 경색시키고 시장에서의 자금조달을 어렵게 만드는 등의 유동성 위기를 유발할 수 있다는 것이다.

최근에는 기업들이 그룹화·대형화되면서 그룹 내에서의 전염 리스크도 이슈가 되고 있다. 계열사가 밀접한 이해 관계를 맺고 있다면 어떤 한 계열사의 위기가 타 계열사로 빠르게 전이할 수 있다. 그룹 내 리스크 전이 문제는 그룹 차원의 통합 리스크 관리 체계를 구축함으로써 관리할 수 있다[89]. 그룹 차원의 통합 리스크 관리란 각 계열사의 위험노출액(exposure)을 산출한 뒤 이를 합산해 그룹 전체에서 관리하는 것을 의미한다. 전사적 위험노출액을 관리하는 데 적정한 자본 수준을 산출하고 이를 각 계열사에 배분한다. 각 계열사에 배분된 자본 수준이 잘 지켜지는지 여부는 그룹 차원에서 모니터링한다. 그룹 차원에서 리스크를 통합해 관리하면 한 계열사에서 발생한, 예상치 못한 위기에 전사적으로 대응할 수 있고 개별 리스크가 전체 그룹에 미치는 영향을 최소한도로 줄일 수 있다.

86: 금융위기 바이러스가 깨어났다, 이코노미 인사이트, 2014. 3. 1
87: ECB "위기전염 리스크, 리만사태 때보다 커졌다.", 이데일리 뉴스, 2011. 12. 20
88: 하나은행 금융그룹화로 인한 리스크 효과, 한국금융연구원, 2011 -> 이 연구보고서에서는 금융기업의 그룹화, 대형화에 따른 그룹 통합리스크 관리를 주장했다. 본 저자는 동일한 통합리스크 관리 기법이 그룹화된 기업이라면 어떤 산업이든 유사하게 적용할 수 있다고 판단했다.

+F 전략규제 리스크

+F 전략의 다섯 번째 주요 리스크는 규제 리스크(regulatory risk)다. 2016년 삼성SDI는 중국 정부의 전기차 배터리 관련 규제 탓에 예상치 못한 타격을 입었다. 대부분의 전기차 배터리 공급업체는 중국 정부가 2015년 3월 발표한 동력전지 가이드 라인에 따라 관련 인증을 취득했다. 하지만 국내의 대표적인 전기차 배터리 생산업체인 삼성 SDI와 LG 화학은 4차 검증까지 관련 인증을 취득하는 데 실패했다. 중국 정부는 인증을 받지 못한 배터리에 대해서는 전기차 보조금을 지급하지 않을 것이라고 밝혔다. 사실상 이는 중국 시장에서 퇴출당한다는 의미이기 때문에 인증을 취득받지 못한 기업은 큰 타격을 받는다. 중국 기업은 별다른 어려움 없이 관련 인증을 취득했다[89]. 이같은 조치는 중국 정부가 자국 기업들을 보호하려고 한국 기업을 배제한 것으로 여겨진다. 무난하게 중국 시장에 진입할 것이라 예상한 국내 기업들은 예상치 못한 규제 리스크를 만나 난관에 봉착했다.

중국 만의 문제가 아니다. 2010년 12월 EU 공정거래 집행위원회는 LG 디스플레이, 치메이 이노룩스를 비롯한 5개 업체에 LCD 패널 시장에서 가격을 담합했다는 이유로 총 6억 5천만 유로의 과징금을 부과했다. 집행위원회는 해당 기업이 2001년 10월부터 2006년 2월까지 최저 가격을 설정하는 등 가격 담합 행위를 했을 뿐 아니라 신제품 개발이나 공장가동률 등 중요 정보를 공유하면서 소비자에게 막대한 피해를 입혔다고 발표했다[90]. 이것 역시 규제 리스크의 한 예시로 볼 수 있다. EU가 자국 시장을 보호하려고 빠르게 점유율을 늘리고 있는 아시아 기업에게 과중한 제재를 가했다고 추측된다. 각국 정부는 자국 기업과 시장을 보호하는 규제들을 새롭게 추가하고 있으며, 글로벌 공급망을 구축한 기업들은 규제 리스크에 노출되고 있다.

해외의 규제만 관리해야 할 리스크가 아니다. 일차적으로 기업들은 자국 정부가 규제하는 내용을 지킬 의무가 있다. 최근에는 기업 간 경쟁이 심화되고 다양한 이해 관계가 상충됨에 따라 규제가 더욱 강화되고 있다. 기업이 직면할 규제 리스크 종류는 점차 증가하고 있으며, 이에 따라 규제 리스크 관리의 중요성도 커지고 있다. 기업 입장에서 신경써야 할 규제 리스크 영역은 지적재산권, 공정거래, 인사, 정보 보호, 환경, 안전, 품질, 금융이다. 각 영역별로 정부 부처에서 제정한 관련 법규가 존재한다. 이러한 법규를 위반했을 때는 일차적으로 과징금이 부여돼 금전적 손실을 입을 수 있다. 더욱 큰 문제는 법규를 위반한 것이라 기업 이미지가 추락하고 소비자 신뢰를 잃어버리는 것이다. 도덕성에 흠집이 나 하락한 소비자 신뢰도는 기업 생존과 직결되는 문제다. 시장에서 법규를 위반하면 퇴출될 수 있다는 점을 꼭 명심해야 한다.

하지만 나라별로 상이한 전문 법규를 이해하고 맞춤식 대응 방안을 수립하기란 무척 어렵다. 최근 많은 기업이 컴플라이언스(compliance) 팀을 별도로 구성해 규제에 대응하는 전문 시스템을 구축하고 있다. 컴플라이언스 팀의 역할은 자사의 공급망이 구축돼 있

89: 삼성SDI 기업이슈, 동부증권, 2016. 6. 21
90: LCD 가격 담합, 미국서 '줄소송' 위기, 경향비즈, 2011

는 국가의 법규를 분석해 예상되는 규제 리스크를 찾아내고, 관리 방안의 우선 순위를 결정하는 것이다. 집중 관리가 필요한 규제 리스크는 세부 점검 사항을 리스트업하고 정기적으로 모니터링해 발생 가능성을 최대한 낮춘다. 다음은 다양한 리스크에 대한 사례다.

사드 보복으로 인한 롯데의 시련

중국은 미국의 고고도 미사일방어체계(THAAD, 이하 사드) 한반도 배치에 반발해 한국 제품 및 관광 산업, 문화 콘텐츠 등을 대상으로 노골적인 보복 조치를 시행했다. 한국 제품의 통관 지연부터 중국 현지 업체의 일방적 계약 파기, 중국 소비자의 불매 운동 등 때문에 중국 시장 의존도가 높은 많은 기업이 막대한 피해를 입었다. 특히 사드 부지를 제공한 롯데 그룹에 대한 중국의 보복은 무척 심각했다.

중국 정부가 공식적으로는 사드 보복 조치를 강하게 부인하고 있기 때문에 정확히 언제부터 사드 보복 조치가 취해졌는지는 파악하기 어렵다. 하지만 2017년 2월 중국 롯데마트 점포에 대한 첫 영업정지 조치가 내려진 이후, 2017년 5월까지 74개의 점포가 강제 영업정지를 당했고, 13개의 점포는 어쩔 수 없이 자율 휴업에 들어갔다. 정상 영업 중인 점포는 12개에 불과하며, 롯데마트의 매출 손실은 3천억 원을 상회했다[91].

다른 롯데 계열사들의 피해도 막심했다. 롯데칠성, 롯데제과, 롯데푸드를 비롯한 롯데식품계열사는 중국 현지업체가 제품 수입을 중단하고 소비자들이 불매 운동을 벌임에 따라 막대한 피해를 입었다. 심지어 롯데제과가 미국 허쉬사와 합작하여 설립한 롯데상하이푸드코퍼레이션의 초콜릿 공장조차 생산정지 조치를 받았다. 한국에서 수출하는 제품은 서류나 라벨링 심사를 강화해 통관을 어렵게 하는 등 중국 정부의 보복이 갈수록 노골화됐다[92].

이 문제가 외교적 사안과 밀접하게 연관된 만큼 개별 기업의 힘으로 해결할 수 있는 부분은 제한적이다. 사실 롯데 그룹의 현 위기 상황이 앞에서 정의한 규제 리스크와 정확히 부합하는 것은 아니다. 보통 규제 리스크란 시장에 적용되는 규제 때문에 발생한 리스크를 의미한다. 국가 간 정치적 이슈로 야기된 현 상황을 규제 리스크라고 정의하기에는 다소간 무리가 있다. 하지만 여전히 타국 시장에서, 타국 정부의 방침 탓에 예상치 못한 피해를 보고 있다는 점에서 규제 리스크와 그 맥락을 같이 한다고 생각된다. 앞서 언급했듯이 개별 기업이 취할 수 있는 조치에는 한계가 있지만, 사전에 기업 이미지에 미칠 영향을 고려하고 정부와 미리 협상하는 조치를 취할 필요가 있었다.

지속적으로 대한민국 정부의 사드 관련 경제적 보복 완화에 대한 요청을 묵살하던 중국 정부는 2018년 한국과 북한, 미국이 활발한 외교적 공조를 보이자 유화의 제스처를 보내고 있다.[93] 전사적 위기관리 시스템을 가동해 피해를 최소화하기 위한 실천 방안 구상에 몰두하던 롯데그룹은 중국유통시장에서 철수하기로 결정짓고 중국 롯데마트 매각을 추진해왔다. 하지만 중국 정부의 제재로 인해 롯데마

91: 중국 롯데마트 피해 최소 3천억… 사드보복 석달째 점포 99곳 마비, 매일신문, 2017. 05. 06
92: 중 사드보복에도 식음료업계는 '무덤덤' – 롯데만 집중 타깃, 서울파이낸스, 2017. 03. 09
93 [인사이드 스토리]중국 롯데마트 매각의 의미, 비즈니스워치, 2018. 04. 30

트를 사겠다는 인수 희망자들이 섣불리 나서지 않던 상황이었다. 중국 정부가 화해의 제스처를 보내자 롯데마트 매각은 급물살을 타기 시작했다. 롯데마트 화북법인 소속 21개 매장을 2017년 중국 로컬유통업체인 우메이에 2560억 원에 매각하였고, 2018년 화동 법인의 53개 매장을 중국 리췬그룹에 2941억 원에 매각했다. 현재 운영 중인 롯데백화점 5개 중 톈진점 2개와 웨이하이점 1개를 시작으로 단계적으로 철수할 것으로 알려졌다.

사드 사태로 중국 시장에서 큰 피해를 입던 롯데그룹은 전사적 위기 관리 시스템을 가동해 최대한 문제를 해결하려고 노력했다. 하지만 외교적 사안이기 때문에 개인 기업이 취할 수 있는 조치에 한계가 있음을 느끼고 결국 중국 유통 시장에서의 철수를 결정했다. 롯데그룹은 위기관리 채널을 총가동해 백화점, 마트 등이 성과를 내는 베트남 등의 동남아시아 사업에 좀더 힘을 실어줄 계획이다. 또한 몽골 등 신규 시장을 진출을 추진해서 중국에서의 사업을 만회할 계획을 수립하고 있다.[94]

루프트한자, 사우스웨스트의 원자재 리스크 관리

헤지 전략을 활용한 가장 보편적인 예시는 제품 원자재에 대한 헤지 거래다. 다양한 금융 상품이 헤지에 사용될 수 있지만, 가장 일반적으로 사용되는 금융 상품은 콜옵션(call option)과 풋옵션(put option)이다. 옵션이란 어떤 상품이나 유가 증권을 미리 정한 가격으로 일정 시점에 사거나 팔 수 있는 권리를 의미한다. 가장 기본적인 옵션 상품에는 콜옵션과 풋옵션이 있다. 콜옵션은 미리 정한 가격에 대상물을 옵션 매도자로부터 살 수 있는 권리가 포함된 계약이다. 반면에 풋옵션은 대상물을 미리 정한 가격으로 팔 수 있는 권리가 포함된 계약이다.

최근에는 원자재 옵션 거래 시장이 매우 활성화돼 있다. 하지만 2000년대 후반에는 원자재 헤지에 대한 개념이 널리 알려지지 않았다. 그래서 당시에는 항공사 대부분 항공유 가격 상승에 대한 헤지 거래를 전혀 수행하지 않았다. 항공사는 현물 시장(spot market)에서 필요한 만큼 항공유를 구매하곤 했는데, 그 때문에 항공유 가격이 급등했을 때 막대한 비용 손실을 감수해야 했다. 하지만 미국 사우스웨스트 항공이나 독일의 루프트한자 항공은 일찍부터 항공유에 대한 헤지 전략을 활용했다. 사우스웨스트 항공은, 2007년 1분기에 사용된 항공유에 100% 헤지 거래를 수행했다. 이 덕분에 사우스웨스트 항공은 항공유 가격이 급등했을 때도 상대적으로 저렴한 가격에 노선을 운영할 수 있었다. 루프트한자 항공도 2008년 사용한 항공유의 83%에 헤지 거래를 수행했다. 루프트한자 항공은 헤지 전략을 활용한 덕분에 2008년 1억 900만 유로의 비용절감 효과를 거두었다고 발표했다.

사우스웨스트 항공이나 루프트한자 항공이 수행한 헤지 전략은 가격 상승에 대비해 원자재 가격을 미리 확정(lock)하는 방식이다. 옵션 상품을 이용하면 미리 협의한 가격으로 원자재 구매가 가능했기 때문에 가격이 상승하더라도 저렴한 가격에 항공유 구매가 가능하다.

사실 이러한 헤지 기법은 항공 사업에만 국한되지 않는다. 제너럴

94 롯데, 中서 백화점까지 정리… 동남아•몽골에 집중, IT 조선, 2018. 07. 29

일렉트릭(General Electric) 역시 이른 시기부터 원자재 가격 상승/하락에 대비해 금융 상품을 활용한 헤지를 구사했다. 2005년 GE의 글로벌 연구개발 센터(Global Research and Development Center)는 현장 매니저와 협업해 리스크를 분석하는 시뮬레이터를 개발했다. 시뮬레이터를 이용해 예상되는 리스크를 규명하고 각각의 리스크에 대한 위험 노출도(exposure)를 계산했다. 규명된 리스크를 대상으로는 위험도를 낮추는 헤지 전략을 구사했는데, 천연 가스나 구리, 철강 등 원자재 가격 상승 리스크에 대해서는 옵션 및 스왑(swap) 상품을 구매했다[95]. 스왑 역시 옵션과 마찬가지로 헤지 수행에 널리 활용되는 금융 상품의 일종이다.

원자재 스왑은 거래 대상인 원자재의 가격이 변하면 거래 시작점에서의 가격 차이만큼 구매자와 판매자가 교환하는 상품이다. 예를 들어, 원자재 가격이 현재 1 판매 유닛당 100 달러라고 하자. 스왑 상품을 거래하는 원자재 구매자와 판매자는 향후 2년 동안 100달러를 원자재 가격으로 고정(fix)하고 싶어 한다. 이들은 스왑 상품을 통해

[그림 2-23: 2000년대 오일가격 상승]

향후 2년간 6개월마다 현금 흐름을 교환하기로 한다. 6개월 후, 원자재 가격이 1유닛당 110달러로 올랐다면 원자재 판매자는 구매자에게 유닛당 10달러씩을 지불한다. 반대로 원자재 가격이 1유닛당 90달러로 하락하였다면 구매자가 판매자에게 유닛당 10달러씩을 지불한다.

옵션과 스왑 이외에도 선물 상품도 헤지 거래에 빈번하게 활용된다. 선물 상품은 장래 일정 시점에 미리 정한 가격으로 대상 상품을 매매할 것을 현재 시점에서 약정하는 것이다. 예를 들어 3개월 후 원자재를 어떤 정해진 가격으로 거래할 것을 금일 합의하는 방식이다. 3개월 후 원자재 가격 변동에 따라 이득을 볼 수도, 손해를 볼 수도 있다.

사우스웨스트 항공(Southwest Airlines)

사우스웨스트 항공은 미국의 대표적인 저비용 항공사다. 1967년 창립해 1972년 첫 운항을 개시했다. 초기에는 승객 유치에 실패해 심각한 자금난에 시달리기도 했지만, 기내 서비스를 최소화하고 단일 항공 기종을 사용해 비용을 낮추는 저가 정책으로 큰 성공을 거두었다. 2016년 기준으로 전 세계에 52,000명의 직원이 있으며, 여행 성수기에는 하루 3,900여 편의 항공을 운

95: The rise of SCM of SCM Quants, Accenture, 2011

[그림2-24: 사우스웨스트 항공 본사 (출처: 위키피디아)]

항한다. 미국을 비롯한 8개 국가 98개 도시에 취항했고, 1988년 이후에는 미국 교통부가 발표하는 정시 운항률, 수화물의 분실, 이용자 불만 등의 지표에서 여러 차례 1등을 차지했다[96].

루프트한자 항공(Deutsche Lufthansa AG)

루프트한자 항공(독일어: Deutsche Lufthansa AG)은 독일의 국 책 항공사다. 독일에서 가장 큰 항공사이며, 자회사까지 포함하 면 여객수 및 보유 항공기수 기준으로 유럽에서 가장 큰 항공사 다. 창립년도는 1953년도이며, 1955년 첫 운항을 시작했다. 현 재는 아프리카, 북미, 아시아, 유럽의 215개 지역에서 운행한다. 2007년도 미국의 저가항공사인 젯블루 항공(JetBlue Airways)의 지분을 19% 사들였고, 2009년에는 벨기에 항공사인 브뤼셀 항공 (Brussels Airlines)의 지분도 45% 사들였다. 2009년 오스트레일리아 정부로부터 호주 항공(Austrian Airline)을 구매하는 등 타 항공사와의 인수 합병에 무척 적극적이다. 대형 글로벌 항공 얼라이언스 중 하나인 스타얼라이언스(Star Alliance)의 창립 멤버 중 하나다[97,98].

[그림2-25: 루프트한자 항공 본사 (출처: 위키피디아)]

UGG(Unitied Grain Growers)의 날씨 리스크 관리[99]

산업마다 상이한 리스크가 존재한다. 앞에서 살펴본 것처럼 제품 생

96: 위키피디아 'Southwest Airlines'
97: 스타얼라이언스는 1997년 에어캐나다, 루프트한자, 타이항공, 유나이티드항공, 스칸디나비아 항공이 주축이 되어 결성됐다.
98: 위키피디아 'Lufthansa'
99: 사례 4는 세가지 문헌을 참고했다. (1) United Grain Growers: Enterprise Risk Management and Weather Risk, Scott Harrington & Gre Niehaus, Risk Management and Insurance Review, 2003, (2) Wikipedia 'United Grain Growers', (3) Whatever the Weather, Russ Banham, CFO magazine, 2000

산에 원자재를 많이 사용하는 경우에는 원자재 가격 변동이 리스크가 된다. 하지만 산업에 따라 생각지도 못한 요인이 리스크가 될 수도 있다. 다음에 소개하는 유나이티드 그레인 그로어(Unitied Grain Growers, 이하 UGG) 사례는 날씨 변화조차 리스크 관리 대상이 될 수 있음을 보여준다.

UGG는 1917년 GGGC(Grain Grower's Grain Company)와 AFCEC(Alberta Farmers' Co-operative Elevatro Company)라는 두 회사의 합병으로 탄생했다. GGGC와 AFCEC는 모두 캐나다 지역 농부의 이익을 실현하기 위해, 설립된 농부들이 소유한 회사였다. 지역 농부들에게 농작물 종자 선택, 비료 사용, 가축 사육과 관련된 서비스를 제공하고, 농장에서 생산된 제품을 구매해 세계 각국으로 판매했다.

최초에 리스크 관리란 개념이 소개됐을 때, 기업들은 운영 리스크만 떠올렸다. 1980년대에 들어서야 비로소 기업은 금리, 신용 변화에 따른 금융 리스크를 고려하기 시작했다. 이후에는 가능한 모든 리스크를 체계적으로 동시에 관리하는 전사적 리스크 관리(Enterprise Risk Management)가 대두됐는데, UGG는 적극적으로 전사적 리스크 관리를 도입한 선도적 회사다.

UGG가 전사적 리스크 관리 시스템을 구축하고자 처음 실시한 일은 리스크 위원회를 구성한 것이다. 최고책임자(CEO) 및 최고재무책임자(CFO), 기업의 리스크 관련 담당자가 모두 포함된 리스크 위원회를 구성한 이후에는 위원회의 주도 아래 리스크 요인을 규명하고 계량화했다. UGG에게서 리스크 계량 분석을 의뢰받은 윌리스 리스크 솔루션(Willis Risk Solutions)은 여섯 개의 리스크 요인을 제시했다. 다음과 같다.

(1) 환경 요인(environmental liability). (2) 생산량에 대한 날씨 영향(effect of weather on grain volume), (3) 거래상대방 리스크 (counterparty risk, 거래 상대방인 공급자나 구매자가 거래 계약을 충족시키는데 실패할 리스크), (4) 신용 리스크(credit risk), (5) 실물거래 가격 (commodity price and basis price), (6) 재고 리스크(inventory risk, 재고로 보관중인 제품들이 손상될 리스크)

월리스 리스크 솔루션은 과거 데이터에 기초해 여섯 가지 리스크가 가져올 잠재 손실에 대한 확률적 분포를 도출했다. 이같은 확률 분포에 근거해 리스크가 최종적으로 UGG의 경영 성과에 미칠 영향을 예측했다. 리스크 위원회는 여섯 가지 리스크 중 가장 관리하기 힘든 리스크는 2번인 '생산량에 대한 날씨 영향'이라고 결론내렸다.

UGG는 날씨 리스크 관리하는 세 가지 솔루션을 고려했다. 첫 번째 솔루션은 지금까지 해온 방식을 그대로 유지하는 것이다. 사실 리스크를 분석하기 전에도 UGG는 날씨 리스크에 노출돼 있었고, 특별한 헤지 수단을 사용하지 않고도 성공적으로 사업을 영위해왔다. 새로운 헤지 방안을 시도한다면 관련 비용이 만만치 않을 것이다. 또한 금융 시장에서 리스크를 헤지한다 하더라도 100% 관련 손실을 예방할 수 있는 것도 아니었다[100]. 두 번째 솔루션은 날씨 관련 금융파생상품(weather derivatives)을 거래하는 것이다. 날씨파생상품은 1990년대에

100: 금융 시장의 불확실성 및 변동성으로 인해 손실을 100% 헤지하는 것은 불가능하다.

새롭게 등장한 금융파생상품으로 소수 기업이 거래하고 있었다. 날씨파생상품의 기초물(underlying)은 날씨 관련 지표다. 예를 들어 강수량, 강설량, 평균 온도 혹은 이들의 조합이 파생상품의 기대 수익을 결정짓는 기초물로 사용된다. 당시 거래되고 있던 날씨파생상품은 콜옵션, 풋옵션, 스왑 등 다양한 형태였다.

날씨파생상품을 거래하는 것은 가장 일반적인 형태의 헤지 방법이지만, 실효성을 철저히 분석하고 관련 마켓 데이터를 지속적으로 취합해야 한다는 부담이 뒤따랐다. 마지막 솔루션은 날씨 리스크에 대한 보험을 구매하는 것이었다. 당시 날씨 리스크에 보상을 제공하던 보험은 당시에 존재하지 않았다. 윌리스의 컨설턴트들은 UGG가 원하는 날씨 리스크에 대한 보험 계약 조건을 검토하고 다양한 보험사와 접촉했다. 각각의 방안은 명확한 장·단점을 가지고 있었다. UGG는 처음에는 첫 번째 솔루션을 택했지만, 점차 두 번째, 세 번째 솔루션을 구사하게 됐다.

UGG는 2001년 아그리코어(Agricore) 그룹과 합병해 아그리코어 유나이티드(Agricore United)로 재탄생했다. 아그리코어 유나이티드는 UGG의 곡물 운송 및 배송, 곡물생산관련 컨설팅 등 주요 사업 대부분을 승계했다. 아그리코어 유나이티드는 2007년 6월 15일 경쟁 업체인 사스캐처원 위트 풀(Saskatchewan Wheat Pool)에 다시 인수됐다. 2007년 8월 30일 사스캐처원 위트 풀은 회사명을 비테라(Viterra)로 변경했다.

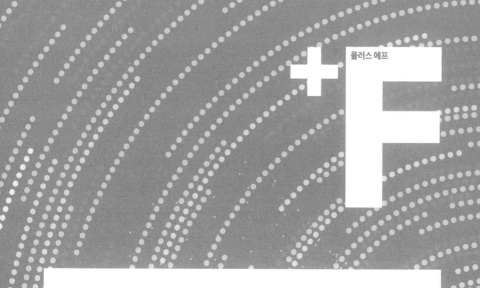
플러스 에프

3부
+F 전략의 완성

1장 +F 시스템

이제 화사 그룹 김최고 대표는 +F 전략을 깊이 이해했고 확신을 가졌다. +F 전략의 실행 방안을 화사 그룹에 순차적으로 적용할 계획을 세우고 있다. 그러다 보니 문제점에 다시 봉착했다. 이번 문제점은 회사에 닥친 리스크가 아니라 +F 전략 자체의 문제점이었다. +F 전략의 의의와 실행 방안은 숙지했지만 이를 펼칠 시스템이 없었다. 시스템이 뒷받침해주지 못하면 +F 전략은 경영진 몇 사람의 개인기에 그칠 염려가 있었다. 인적 자원이 교체되면 +F 전략도 사라질 수 있었고, 회사에 뿌리내리기 힘들다.

김 대표는 지금까지 논의한 +F 전략이 소프트웨어에 해당하는 것이었고 이를 뒷받침할 +F 전략 하드웨어를 구축해야 한다고 판단했다. 그래서 경영진과 +F 전략 전문가를 초빙해 위원회를 구성했다.

위원회에서는 +F 전략을 뒷받침할 하드웨어로 시스템, 플랫폼 그리고 평가체제를 거론했다. 화사 기업이 현재 보유한 하드웨어로도 지금껏 논의한 +F 전략의 소프트웨어를 활용할 수 있지만 소프트웨어의 효과를 극대화하려면 +F 전략의 하드웨어를 장착해야 효율성이 극대화된다고 결정하고 이를 구축하기로 했다.

+F 전략이 갖춰야 할 첫 번째 하드웨어는 +F 시스템이다. 최근 시스템의 중요성이 점차 강조되고 있다. 좋은 시스템을 구축하면 기업 운영에서도 효율성이 늘어난다. 좋은 시스템은 작업 실수나 작업자 역량 미숙에서 비롯되는 결함도 줄여 성과의 불확실성도 감소시킬 것이다. 유사하게 +F 전략을 실행할 때도 +F 전략에 최적화된 시스템을 갖추면 효율성이 늘어나고 불확실성이 감소한다.

시스템 구축은 다양한 요소의 종합이다. 때문에 성공적인 시스템을 구축하려면 많은 노력과 시간이 들어가야 한다. +F 전략을 성공적으로 추진할 수 있는 시스템의 핵심 구성 요소는 인적 인프라, 전담 조직, +F 전략 IT 인프라다.

인적 인프라

+F 시스템의 첫 번째 구성 요소는 +F 전략을 충분히 이해한 전문 인력이다. 새로운 전략을 추진할 때는 이를 충분히 이해하고 숙련한 인력을 보유하고 있어야 한다. +F 전략의 전문 인력은 기본적으로 기업

의 재화·정보 공급망을 이해하고 이를 분석할 역량이 있어야 한다. 또한, 금융에 대한 지식을 가지고 이를 공급망에 접목해 통합적인 공급망 관리 전략을 수립할 능력이 있어야 한다. 특히 금융 영역 중 기업 파이낸싱을 위한 대출 상품과 헤지 전략을 구사할 때 필요한 파생상품에 대한 지식을 가지고 있어야 한다. 금융공급망에 존재하는 다양한 파트너와의 관계를 관리하는 소프트 스킬도 갖추고 있어야 한다. +F 전략 전문 인력에게 요구되는 스킬셋은 무척 방대하기 때문에 기업은 복수의 인원을 고용해 이같은 조건을 충족할 수 있다.

시스템의 첫 번째 구성 요소로 인적 인프라를 언급하는 이유는 +F 시스템을 성공적으로 구축하려면 가장 시간을 많이 투자해야 할지도 모르는 항목이기 때문이다. 아무리 좋은 +F 전략 IT 인프라를 구축하더라도 이를 운영할 인적 인프라가 없다면 효과를 발휘하기 어렵다. 인적 인프라는 외부 영입과 내부 육성이라는 두 가지 방법으로

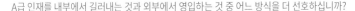

A급 인재를 내부에서 길러내는 것과 외부에서 영입하는 것 중 어느 방식을 더 선호하십니까?

[그림 3-1: 인재 영입에 대한 선호도 조사 (출처: 세계경영연구원)]

구축한다. 외부에서 전문가를 영입한다면 많은 비용이 필요하고 내부에서 육성한다면 많은 시간이 필요하다. +F 전략을 고려하고 있다면, 기업의 주어진 예산과 시간을 고려해 외부 영입과 내부 육성을 잘 조화한 인적 인프라 구축 계획을 마련해야 한다.

전담 조직

+F 시스템의 두 번째 구성 요소는 +F 전략의 추진·운영을 담당하는 전담 조직이다. 전담 조직은 +F 전략 시행 초기에는 +F 전략을 원활히 전개하는 역할을 담당한다. 전담 조직은 먼저 기업의 금융공급망을 분석해 기존 공급망과의 융합 여부를 타진해 본다. 또한 +F 전략이 무엇인지 조직 구성원에게 전파하고, 현장에서 적용할 수 있는 세부 실행 계획을 수립한다. 전담 조직은 +F 전략이라는 신 경영 패러다임의 도입이 실질적인 기업 경쟁력으로 귀결될 수 있도록, +F 전략의 도입부터 정착까지 모든 과정을 책임진다. +F 전략 추진에 필요한 IT 인프라 도입도 고민해야 한다. IT 솔루션을 외부 벤더로부터 구매할 것인지, 아니면 자체적으로 개발할 것인지 판단하고 인프라를 전개할 타임라인을 작성해야 한다. +F 전략 활용도가 일정 수준에 오르면, 전담 조직의 역할은 +F 전략의 보완 및 업그레이드로 바뀐다. 현장 일선에서 피드백을 받아 +F 전략을 지속 보완하는 것이 전담 조직의 주된 임무가 된다. 궁극적으로 +F 전략이 기업 역량을 강화하

는 데 도움이 되도록 지속적인 관리·감독을 수행해야 한다.

IT 인프라

+F 시스템의 세번째 구성 요소는 IT 인프라 스트럭쳐다. +F 전략에 맞는 새로운 IT 솔루션 도입이 바람직하다. 신규 솔루폼 도입은 기업에게 비용 측면에서 부담이 크다. 단순 라이센스 비용 외에도 기존 공급망 분석, 신규 솔루션 활용 교육, 여타 기업 시스템과의 인터페이스 구축에 막대한 비용이 투자될 것이다. 하지만 기업이 기존에 사용하고 있는 ERP/SCM 솔루션으로는 +F 전략을 효과적으로 지원하기 어렵다. +F 전략의 새로운 이슈를 분석하고 신규 전략에 따른 기업 성과를 관리하려면 +F 전략에 특화된 IT 솔루션을 사용하는 쪽이 바람직하다.

기업이 비용에서 부담을 느낀다면 +F 전략에 필요한 IT 솔루션을 자체적으로 개발할 수 있다. 공급망 전체를 커버하는 솔루션을 개발할 필요는 없다. +F 전략 추진에 따른 신규 이슈를 다루고 기존의 ERP 혹은 SCM 솔루션을 보완하는 프로세스만 개발하면 된다. 발생 빈도가 높기 때문에 IT 시스템을 필수적으로 활용하는 프로세스라면 더욱 효과적이다. 기업이 자체 개발을 선택한다면 새로 개발하는 시스템과 기존 시스템과의 통합 문제를 반드시 염두에 두어야 한다. 만약 자체 개발할 역량이 부족하다면 외부 솔루션 공급자로부터 구매할 수 있다. 최근 핀테크가 각광받으면서 몇몇 핀테크 업체가 +F 전략에 맞는 금융공급망 솔루션을 출시했다. 기업은 다양한 솔루션 중 자신의 목적에 부합하면서 기존 시스템과의 통합 및 비용 측면에서 효과적인 솔루션을 찾아야 한다.

국내에는 +F 전략에 관심 있는 핀테크 업체가 별로 없다. 사실 이는 국내에만 국한된 현상은 아니다[126]. 세계 어디서도 금융공급망 관련 연구가 활발히 진행되지 않았기 때문에 +F 전략을 지원할 만한 상용화된 솔루션이 많이 없다. 현재로서는 금융공급망을 가장 효율적으로 지원하는 상용 솔루션은 아마도 독일 SAP에서 개발한 FSCM(Financial Supply Chain Management)이 아닐까 한다.

SAP은 ERP(Enterprise Resource Planning) 솔루션 분야에서 독보적인 명성을 쌓아 왔다. SAP사의 업무용 애플리케이션 소프트웨어 분야는 세계 최고 수준의 시장 점유율 차지하며, IBM, 마이크로소프트 등이 SAP가 출시한 ERP 솔루션을 사용하고 있다. ERP 분야에서 쌓은 경험을 바탕으로 SAP는 금융 기능이 강화된 IT 솔루션을 최근에 선보였다. 이 솔루션은 'SAP 금융공급망관리(SAP Financial Supply Chain Management)'라고 불리며, 7개의 모듈로 구성됐다. SAP 금융공급망관리는 기존의 'SAP 파이낸스(SAP Finance)'를 금융공급망 측면에서 강화한 솔루션이며, 각각의 모듈은 기존 SAP사의 ERP/SCM 시스템과 연동이 가능하다. 금융공급망관리 솔루션은 기업 내에서

126: 해외에는 공급사슬금융을 제공하는 핀테크 업체들이 여럿 있다. 여기서 언급하는 것은 공급사슬금융과 구별되는 금융공급망관리 솔루션 제공업체다.

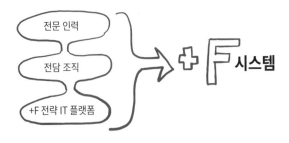

[그림 3-2: +F 시스템]

의, 또한 기업과 금융기관 간 재무 데이터를 쉽게 교환할 수 있게 해준다. 기업의 현금 흐름을 예측하고 이를 최적화할 수도 있다[2]. 구매자·공급자와의 편리한 지불 프로세스를 지원하고 선지급 서비스도 제공한다.

SAP 솔루션은 'SAP Treasury and Risk Management(FIN-FSCM-TRM)', 'SAP Biller Direct(FIN-FCM-BD)', 'SAP Cash and Liquidity Management (FIN-FSCM-CLM)', 'SAP Collections Management(FIN-FSCM-COL)', 'SAP Credit Management(FIN-FSCM-CR)', 'SAP Dispute Management (FIN-FSCM-DM)', ' SAP In-House Cash(FIN-FSCM-IHC)' 7개 모듈로 구성된다. SAP Treasury and Risk Management(FIN-FSCM-TRM)는 현금 흐름, 유동성, 지불, 리스크 관리 등 금융 업무를 분석하는 모듈이다. 금융 업무가 요구되는 비즈니스 프로세스를 분석하고 이를 최적화하는 데 사용된다. SAP Biller Direct(FIN-FCM-BD)는 이메일이나 링크를 통해 송장을 발송할 수 있게 해준다. 이메일이나 링크 주소

를 받은 구매자는 온라인 지불이 가능하기 때문에 행정비용을 절감할 수 있다. SAP Cash and Liquidity Management (FIN-FSCM-CLM)는 만기가 다가오는 채무를 지불하는 데 필요한 현금 유동성이 충분히 확보됐는지 모니터링하는 모듈이다. 기업의 미래 현금 흐름 및 유동성을 체크하는 데 큰 도움을 준다. SAP Collections Management(FIN-FSCM-COL)는 외상채권 현황을 분석하고 채무 정산을 도와주는 모듈이다. 사용자는 외상채권의 우선 순위를 정하고 리스트를 채무정산업체(collection specialists)에 보냄으로써 채무 정산에 도움을 받을 수 있다. SAP Credit Management(FIN-FSCM-CR)는 거래업체의 공개 정보를 이용해 신용도를 평가하는 모듈이다. 거래업체의 신용 한계(credit limit)를 분석해 이를 리포트 형태로 제공한다. SAP Dispute Management (FIN-FSCM-DM)는 매출채권과 관련된 다양한 이슈를 해결하는 모듈이다. 주문 → 배달 → 청구서 발송 → 지급이라는 전체 배송, 지급 프로세스를 구매기업과 함께 검토하고, 만약 구매자가 이해하는 프로세스와 차이점이 있다면 이를 조정한다. 마지막으로 SAP In-House Cash(FIN-FSCM-IHC)은 국내·외에서 발생하는 지불 프로세스를 지원하는 모듈이다. 이 모듈을 사용해 중복되는 지불 과정을 넷팅함으로써 보유 중인 은행 계좌의 수를 줄이거나 해외 통화 지불을 최소화할 수 있다[3]. 7개의 모듈을 함께 사용하기를 권장하지만 필요에 따라 일부 모듈만 독립적으로 사용할 수도 있다.

2: SAP Financial Supply Chain Management(SAP FIN-FSCM), Pro+, 2016. 4
3: SAP 공식 웹사이트

모듈 이름	표 기
SAP Treasury and Risk Management	FIN-FSCM-TRM
SAP Biller Direct	FIN-FSCM-BD
SAP Cash and Liquidity Management	FIN-FSCM-CLM
SAP Collections Management	FIN-FSCM-COL
SAP Credit Management	FIN-FSCM-CR
SAP Dispute Management	FIN-FSCM-DM
SAP In-House Cash	FIN-FSCM-IHC

[별첨 표-2: SAP FSCM 세부 모듈 (출처: SAP 웹사이트)]

SAP의 금융공급망관리 솔루션처럼 +F 전략의 모든 이슈를 다루는 솔루션은 별로 없지만, 공급사슬금융(SCF)에 특화된 솔루션은 상당히 많이 존재한다. 공급사슬금융 솔루션은 다음 장에서 좀 더 자세히 살펴보도록 하겠다.

2장 플랫폼

플랫폼이라는 말은 다양한 곳에서 사용하기 때문에 명확한 정의를 내리기 쉽지 않다. 사용하는 분야에 따라 의미가 조금 상이하기 때문이다. 플랫폼이 무엇인지 알려면 어원을 따져볼 필요가 있다. 플랫폼은 원래 라틴어로서 평평하다는 의미의 '플랫(plat)'과 형성하다는 의미의 '폼(form)'이 합성된 단어다. 어원에서 유추해본 의미는 다음과 같다. 아직 아무것도 형성되지 않은 평평한 지역(plat)에 기차역이나 버스터미널, 시장 등 사람이 쉽게 접근할 수 있는 공공 시설이 설치되면 이를 중심으로 거주지 및 상업 시설이 개발되고 연계 교통망이 발전(form)하게 된다. 즉, 기차역이나 버스터미널, 시장 등의 장소가 사람을 불러모아 평평한 지역이 발전한다. 이 경우 사람을 끌어들이는 역할을 하는 기차역이나 버스터미널 등 기초 시설을 지역 개발에 필요한 플랫폼이라고 정의할 수 있다.

이처럼 플랫폼은 무엇인가를 개발 혹은 발전을 유도하는 기초 환경 및 수단을 의미한다. 개인 컴퓨터를 사용하기 위한 플랫폼은 윈도우이고, 인터넷을 사용하기 위한 플랫폼은 인터넷 익스플로러나 구글 크롬이다. 사실 플랫폼이라는 말이 보편화된 시점은 애플이 아이폰을 개발하면서부터다. 애플이 스마트폰을 보편화함으로써 다양한 모바일 플랫폼이 개발될 수 있었다. 대표적인 모바일 플랫폼으로 구글 안드로이드나 애플 iOS가 있는데, 이같은 플랫폼을 이용해 과거에는 없던 다양한 비즈니스가 개발됐다. 기업이 모바일 플랫폼을 지원하는 하드웨어를 개발하고 소프트웨어 엔지니어가 모바일 비즈니스에 사용될 다양한 앱을 공급하면서 새로운 산업 생태계가 태동했다.

+F 전략이 갖춰야 할 두 번째 하드웨어는 공급금융사슬을 활용하기 위한 IT 플랫폼이다. 공급사슬금융을 활용하기 위한 플랫폼이란 무엇을 의미할까? 플랫폼의 정의에 기초한다면 더 많은 사람 혹은 기업이 공급사슬금융을 이용할 수 있게 하고 공급사슬금융의 발전을 이끌어내는 그 '무엇'인가다. 그렇다면 그 '무엇'인가는 무슨 일을 하는 것일까? 만약 공급사슬금융 프로그램에 참여하고 싶어 하는 모든 기업과 금융기관이 하나의 IT 시스템을 공유한다면 어떨까? 구매자는 필요할 때마다 전자 주문을 쉽게 발주할 수 있고, 공급자는 이러한 전자주문서를 금융기관으로 온라인 발송함으로써 파이낸싱을 손쉽게 요청할 수 있다. 온라인 지불 방식으로 필요한 금액이 쉽게 오고 갈 수 있으며 팩토링 기업은 공급사슬금융에 참여하려는 투자자를

비교적 쉽게 모집할 수 있다. 공급사슬금융에 참여하는 모든 기업이 동일한 IT 시스템을 사용함으로써 모든 프로세스가 쉽게 진행될 수 있다. 이처럼 공급사슬금융 참여자들이 공유하는 하나의 IT 시스템은 공급사슬금융을 플랫폼으로써 기능한다. 공급사슬금융에서 플랫폼이란 "공급사슬금융을 원활하게 수행하게 해주는 단일화된 공급사슬금융 IT 시스템 혹은 솔루션"을 의미한다.

공급사슬금융 IT 솔루션은 누가 솔루션을 개발·관리·제공하는가에 따라 3가지 유형으로 분류된다. 첫 번째는 구매자가 주도하는 공급사슬금융 솔루션이다. 독일의 유명 유통업체인 메트로 그룹(Metro Group 혹은 Metro AG)은 자회사인 MIAG가 제공하는 솔루션을 공급자에게 공급사슬금융 서비스로서 제공한다. MIAG의 대표적인 솔루션으로는 공급업체가 메트로 그룹의 신용도를 이용해 유리한 조건으로 금융기관에서 파이낸싱을 받게 도와주는 MIAG Vendor Discounting(MVD)가 있다[4]. MIAG 솔루션은 구매자 주도 공급사슬금융 솔루션의 대표적인 예시다.

두 번째는 금융기관이 주도하는 공급사슬금융 솔루션이다. 자체적으로 솔루션 개발 능력을 보유한 금융기관은 공급사슬금융 플랫폼을 개발해 거래 기업에게 제공한다. 이미 씨티은행(Citi Bank), 도이치 뱅크(Deutsche Bank), 비엔피 파리바스(BNP Paribas) 등 세계 유명 은행들이 솔루션을 포함한 공급사슬금융 서비스를 제공한다. 예를

4: MIAG 공식 웹사이트

들어 세계 최대의 소비재 기업 프록터 앤드 갬블(Procter & Gamble, 이하 P&G)은 씨티 은행, 도이치 뱅크, 제이피 모건(JPMorgan)의 공급사슬금융 솔루션을 사용한다. 거래 업체의 위치가 북미/중국/홍콩/태국에 위치한다면 씨티은행과 제이피 모건의 솔루션을, 유럽/중동/아프리카/중국 및 홍콩을 제외한 아시아에 위치한다면 씨티은행과 도이치 뱅크의 솔루션을 사용한다[5].

하지만 대형 은행들이 제공하는 솔루션은 대기업에 특화되어 있다. 일반적으로 금융기관은 중소기업들에게 공급사슬금융 서비스를 제공하는 데에는 망설인다. 일부 중소기업의 신용도가 높지 않아 거래에 따르는 리스크가 크기 때문이다. 중소기업의 금융 전문성이 부족한 것도 한 가지 이유다. 그래서 대형 은행들이 개발한 공급사슬금융 솔루션은 중소기업보다 대기업에 적합한 경우가 많다. IT 플랫폼을 찾아 공급사슬금융에 참여하고자 하는 중소기업도 많은 어려움을 겪고 있다.

세 번째 유형은 제3자가 제공하는 공급사슬금융 솔루션이다. 최근 핀테크 업체들이 활발히 공급사슬금융 분야에 진출하면서 빠르게 성장 중이다. 공급사슬금융 서비스를 제공하는 핀테크 업체는 투자자와 연계해 기업들이 외상매출채권으로 파이낸싱을 받을 수 있도록 도와준다. 2015년 핀테크 시장조사기관인 LTP(Let's Talk Payments)에서 선정한 북미 주요 공급사슬금융 솔루션 벤드들의 목록은 다음과 같다[6].

(1) 프라임레비뉴(PrimeRevenue)

(2) 데미카(Demica)

(3) 톨리아(Taulia)

(4) 오르비언(Orbian)

(5) SAP 아리바(SAP Ariba)

(6) 인보이스웨어 인터네셔널(Invoiceware International)

(7) C2FO

(8) 지티 넥서스(GT Nexus)

(9) 트랙스페이(Traxpay)

유명 금융 매거진인 〈글로벌 파이낸스(Global Finance)〉는 2008
년부터 매년 우수 공급사슬금융 플랫폼을 선정한다[7]. 은행이 개발한
솔루션과 은행 외 기업이 개발한 솔루션을 구별하여 최고 솔루션을
선정하는데 선정된 우수 솔루션 기업의 목록은 인터넷에서 쉽게 찾
아볼 수 있다. 2016 년 수상 기업은 표 3-2와 같다. 수상 기록을 통해
지역·분야별 우수 공급사슬금융 솔루션을 제공업체를 확인해볼 수
있다.

공급사슬금융 솔루션을 제공하는 금융기관/핀테크 업체의 수는
빠르게 증가하고 있다. 일부 핀테크 업체들의 솔루션은 공급사슬금
융 외에도 구매나 재고 관리 등의 서비스도 제공한다. 단순한 공급사

5: P&G's Supply Chain Financing Program overview, P&G

6: 9 Supply Chain Finance Companies in the US, Let's Talk Payments(LTP), 2015. 12. 21

7: Global Finance Names The world's Best Supplier Finance Providers 2016, Global Finance, 2016.
1. 20

Global Winners	
Best Supply Chain Finance Provider – Bank	BNP Paribas
Best Supply Chain Finance Provider – Non-bank	Orbian
Best Customer Implementation of a Supply Chain Financing Solution	PrimeRevenue/Michelin
Best Platform Connecting Buyers, Suppliers and Financial Institutions	GT Nexus
Best E-procurement	Ariba
Best Analytics for Credit Scoring and Supplier Risk Assessment	Dun & Bradstreet
Best Invoice Discount Management	Ariba
Best Integrated Trade, Supply Chain Finance and Cash Management Solutions	Citi
Best Web-based Supply Chain Financing Solution	Basware
Regional Winners	
North America	J.P. Morgan
Western Europe	BNP Paribas
Central & Eastern Europe	UniCredit
Nordic Region	Danske Bank
Latin America	Santander
Caribbean	Citi
Asia	DBS Bank
Africa	Standard Chartered
Middle East	Citi

[표 3-2: 2016 우수 SCF 솔루션 제공업체 (출처: 글로벌 파이낸스 웹사이트)]

슬금융 솔루션에서 진일보하여 토털 +F 전략 솔루션으로의 발전 가
능성을 내비치기 시작한 것이다. 가까운 미래에 핀테크 업체들의 솔
루션은 파트너 관리, 현금·재고 관리 등 금융공급망 관련 기능을 모
두 포함한 종합 +F 전략 솔루션으로 발전할 것으로 기대된다[8].

핀테크 업체의 공급사슬금융 솔루션 예시

핀테크 업체들의 공급사슬금융 솔루션은 쉽고 중소기업에도 적용이 가능하다. 유럽의 핀테크 업체들이 공급사슬금융 솔루션 개발에 열정적인데, 그중 대표적인 몇몇을 살펴보자.

공급사슬금융 전문 솔루션 기업인 오르비언(Orbian)은 금융 매거진 〈글로벌 파이낸스〉가 2012년 '비은행 부분 최우수 공급사슬금융 제공업체(Best Supply Chain Finance Provider - Nonbank)'로 선정했다. 오르비언의 솔루션을 이용하는 대표적인 고객 중에 독일의 전기전자기업인 지멘스(Siemens)가 있다. 오르비언을 이용한 지멘스의 공급사슬금융은 다음과 같이 운영된다[9].

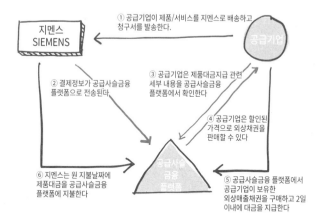

[그림 2-24: 지멘스의 공급사슬금융 (출처: 지멘스 공식 웹사이트)]

8: The rise of fintech in supply chains, Dale Rogers, Rudolf Leuschner and Thomas Y. Choi, Harvard Business Review, 2016. 6. 22
9: Siemens Supply Chain Finance Program, Siemens, 2012. 1

STEP 1 공급기업이 제품/서비스를 지멘스로 배송하고 청구서를 발송한다.

STEP 2 지멘스는 제품/서비스 세부 내역을 승인하고 결제 정보를 오르비언 공급사슬금융 플랫폼으로 전송한다.

STEP 3 공급기업은 제품대금지급 관련 세부 내용을 오르비언 공급사슬금융 시스템에서 확인한다.

STEP 4 공급기업은 제품 판매 대금을 할인된 가격으로 선지급 받을 수 있다. 할인율은 보통 오르비언 시스템이 산출하며 일반적으로 금융기관 대출보다 좋은 금리를 제시한다.

STEP 5 공급기업이 선지급에 동의한 경우 오르비언은 공급기업이 보유한 외상매출채권을 구입하고 2일 이내에 할인된 금액을 지불한다.

STEP 6 지멘스는 정해진 날짜에 오르비언으로 원 결제 대금을 지불한다.

오르비언의 공급사슬금융 솔루션은 솔루션을 이용하는 공급자, 구매자 양측에게 많은 이득을 가져다주었다. 오르비언은 자사의 솔루션을 이용함으로써 얻을 수 있는 이득을 '구매자 및 공급자에게 발생하는 이익들(Benefits to the Buyer & Benefits to the Supplier)'이라는 웹사이트 메뉴에 명시해 놓았다.

✦ 공급자 예상 이익

(1) 공급자 운전자본 최적화

(2) 현금 흐름 개선

(3) 외상매출에 대한 저금리 파이낸싱[10]

(4) 운영 비용 절감

✦ 구매자 예상 이익

(1) 구매자 운전자본 최적화[11]

(2) 공급사슬 리스크 감소

(3) 효과적인 현금 흐름 관리

(4) 운영 비용 감소

(5) 공급자 관계 강화

데미카(DEMICA)라는 핀테크 기업은 그림 6-2와 같은 공급사슬금융 프로세스에 기초한 솔루션을 개발했다. 데미카 솔루션도 앞선 예

10: 오르비언 솔루션은 공급자들을 네 가지 그룹으로 분류해 차별화된 파이낸싱 금리를 제공한다. 첫 번째 그룹은 신용 등급이 매우 좋은 고부가 가치 공급자, 두 번째 그룹은 신용 등급은 좋지 않은 고부가 가치 공급자, 세 번째 그룹은 신용 등급은 좋으나 일반적인 가치의 공급자, 네 번째 그룹은 신용 등급도 좋지 않고 가치도 낮은 공급자이다. 그룹에 따라 적용되는 금리는 상이하다.

11: 오르비언의 솔루션을 통해 구매자는 공급자와 최적 지불 조건을 직접 협상할 수 있다. 이를 통해 구매자는 자신의 운전 자본을 최적화할 수 있다.

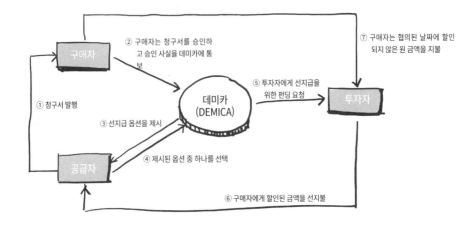

[그림 3-4: 데미카 공급사슬금융 솔루션 (출처: 데미카 웹사이트)]

시와 유사하게 운영된다. 먼저 공급자가 구매자에게 대금 지급 청구
서를 발송한다(프로세스 1). 이후 구매자는 승인된 청구서를 데미카로
발송한다(프로세스 2). 데미카는 공급자에게 청구서의 선지급 가능 시
기와 그에 따른 할인율을 알려준다(프로세스 3). 만약 공급자가 자사의
운영자본 최적화 및 현금 확보 등을 이유로 선지급을 선택하면(프로
세스 4), 데미카는 자신들과 연계된 투자자에게 선지급을 위한 펀딩을
요청한다(프로세스 5). 공급자는 할인된 대금을 선지급받으며(프로세스
6), 투자자는 기존에 구매자와 공급자 사이에 협의된 만기일에 구매
자로부터 원금을 회수한다(프로세스 7). 지금껏 금융기관들이 수행하
던, 공급자와 구매자의 요구 사항을 조율하며 필요한 금융 서비스를
제공하는 일을 핀테크 업체가 수행하고 있다.

프리미엄 테크놀로지(PREMIUM TECHONOLOGY)에서 제공하는 핀셰어(FinShare)라는 공급사슬금융 솔루션은 역팩토링 외에도 다양한 서비스를 제공한다. 핀셰어 솔루션은 공급사슬금융 서비스를 제공하는 금융기관에게 제공되는 IT 솔루션이다. 핀셰어를 사용하는 금융기관들은 역팩토링, 팩토링 외에도 수신채권금융(receivables financing), 자산담보대출(asset based lending)[12] 포페이팅(forfaiting)[13] 등 다양한 공급사슬금융 서비스를 거래 기업에 제공할 수 있다. 그림

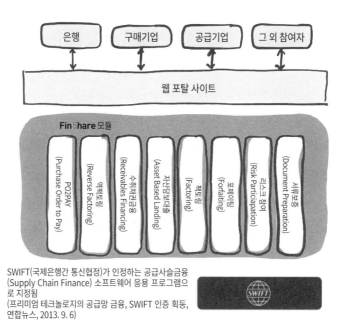

[그림 3-5: 핀셰어 공급사슬금융 솔루션 (출처: 프리미엄 테크놀로지 웹사이트)]

12: 자산을 담보로 한 대출을 의미한다. 자산을 담보로 한 대출은 기업 금융의 한 형태이나 많이 활용된 것은 아니다. 하지만 월스트리트 저널에 따르면 최근에는 널리 퍼지고 있다. (미기업 '돈가뭄' ABL로 해갈한다, 아시아경제e, 2010. 2. 10)

13: 포페이팅(forfaiting)은 금융기관이 수출 거래에 발생하는 환어음을 만기에 수출대금이 들어오지 않더라도 수출 기업에게 대금을 되돌려달라는 조건 없이 매입하는 제도를 의미한다. (HSBC 은행의 '포페이팅' 무역금융서비스, 매일 경제(MBN, 2006. 10. 18)

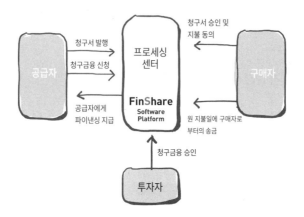

[그림 3-6: 핀셰어 역팩토링 솔루션 (출처: 프리미엄 테크놀로지 웹사이트)]

3-5은 핀셰어에서 제공하는 다양한 서비스들을 보여준다.

핀셰어에서도 역팩토링 서비스를 제공한다. 핀셰어에서 제공하는 역팩토링 서비스는 그림 3-6와 같이 운영된다. 프리미엄 테크놀로지 웹사이트에 제시된 핀셰어 역팩토링 솔루션 프로세스 흐름도에는 송장 금융(Invoice Financing)이라는 용어가 사용되고 있지만 실제 이 프로세스는 송장 금융보다 역팩토링 서비스와 유사하다.

신카다(Syncada)의 금융공급사슬망 구축

신카다는 전자 송장 발행 및 매출·매입 채권 거래, 온라인 결제에 필요한 금융공급망 '네트워크'를 제공하는 회사다. 신카다는 세계 최대의 카드 회사인 비자(Visa)와 유에스 뱅크(U.S. Bank)가 설립한 조인트 벤처다[14]. 2009년 7월 설립된 이래 유에스 뱅크가 첫 번째 고객이 됐고, 이후 커머스 은행(Commerce Bank, 2010), 씨티은행(Citibank, 2011) 등이 신카다의 고객이 됐다. 원래 신카다는 유에스 뱅크에서 1997년에 개발한 전자 결제 및 전자 송장 발행 온라인 플랫폼 서비스인 파워트랙(PowerTrack)에서 시작됐다. 유에스 뱅크가 파워트랙을 좀 더 개발하려고 비자사의 도움을 받아 조인트 벤처를 설립해 독립시킨 것이다. 비자는 신카다에 직접 투자했을 뿐만 아니라 자신들의 마케팅, 세일즈, 위기 관리 및 은행들의 네트워크 시스템에 관한 노하우를 공유할 정도로 적극적인 도움을 주었다.

신카다의 금융공급망 네트워크 서비스를 사용하는 은행은 다양한 통화에 사용하는 송장 처리와 파이낸싱 및 결제·지불 서비스를 기업에 제공할 수 있다. 신카다 네트워크 서비스에 참여함으로써 기업은 송장 발송과 수령, 대금 지불을 전자 거래로 처리함으로써 문서 처리에 들어가는 시간 및 노력, 불필요한 종이 사용을 최소화할 수 있다. 뿐만 아니라 거래 내용을 잘못 기재한다거나 문서 발행 지연 때문에 발생할 수 있는 운영 리스크도 최소화할 수 있다.

신카다의 최고 경영자인 커트 슈나이버(Kurt Schneiber)는 "송장 처리와 거래 금융을 자동화함에 따라 구매자는 현금 흐름을 최적화하고, 공급자는 빨리 결제를 받을 수 있으므로 공급자와의 관계를 돈독히 할 수 있다"고 주장했다[15]. 또한, 이와 같은 네트워크 기술이 구매자와 공급자 간의 협력뿐 아니라 기업과 은행과의 파트너십도 더

14: Visa and US Bank form financial supply chain network, Finextra, 2009. 7. 30
15: 신카다 의뢰조사, "비용과 시간 절감, 운전자본 최적화 위해서 경제 네트워크화가 필수", NEWSIS, 2012. 9. 15,

욱 강화할 수 있다고 주장했다.

비자의 CEO인 조세프 사운더스(Joseph Saunders)는 "신카다는 비자의 기업 지불(Visa's core payments business) 사업을 확장할 수 있도록 도와준다"고 밝혔다. 조세프 사운더스는 신카다에 계속 투자할 의사가 있음을 밝히고, 특히 자사의 고객에게 신카다의 서비스를 이용하도록 권유해 신카다와 비자의 동반 성장을 도모할 것임을 분명히 했다.

3장 평가 체계 구축

금융공급망을 도입하려면 상당한 투자를 해야 한다. 새로운 IT 시스템을 도입하고, 효과적으로 +F 전략을 관리할 만한 기업 역량을 구축하는 일에는 오랜 시간이 걸리므로 지속적인 투자가 요구된다. 기업이 대규모 투자를 결정하기는 쉽지 않다. 만약 +F 전략이 필요하다고 강력하게 공감하는 경영자가 있다 하더라도 기업 내·외부적으로 다른 이들을 설득하는 일은 결코 쉽지 않을 것이다.

화사 그룹 김최고 대표는 +F 전략을 알아본 후 매우 호의적이 됐다. +F 전략의 추진과 정착에는 상당한 시일이 소요되므로 김 대표는 현재 경영 사정과는 별도로 +F 전략을 점진적으로 추진하고자 한다. 하지만 다른 그룹 경영진은 거세게 반대했다. 현재 화사 그룹이 중국 시장에서 겪고 있는 문제도 해결하기 쉽지 않아 기업의 자본과 역량을 분리할 여력이 없다는 것이었다.

일반적으로 기업은 이와 같은 상황을 맞닥뜨리면 기대 효과를 예측해 보고 투자 대비 실효성에 기반해 투자 여부를 결정한다. 따라서, 기업이 +F 전략에 투자하려면 +F 전략의 성과를 객관적으로 평가할 방법이 있어야 한다.

이에 +F 전략을 추진할 때 얻을 수 있는 기대 성과를 측정하는 평가지표 개발이 절실하다. 객관적인 평가지표를 가지고 기대 효과를 분석할 수 있을 때만 기업의 투자를 이끌어낼 수 있다. +F 전략을 평가하는 지표는 기존 공급망 관리 성과를 평가할 때 사용한 지표를 참고해 개발한다. +F 전략이 기존 공급망 관리를 수정·보완한 것이기 때문에 +F 전략 성과평가지표도 기존 공급망 관리에 대한 성과평가지표를 바탕으로 개발하는 것이다.

브루어(Brewer)와 스펫(Speh) 교수는 '공급망 성과를 측정하는 밸런스드 스코어카드 사용(Using the balanced scoredcard to measure supply chain performance)[16]'이란 제목의 연구에서 공급망을 균형 있게 평가하려면 네 가지 관점을 활용하라고 권장했다. 네 가지 관점은 '내부 프로세스' 관점, '고객' 관점, '재무' 관점, '학습과 성장' 관점이다.

먼저 **내부 프로세스 관점**에서 공급망을 평가하려면 프로세스가 어떻게 관리되고 있는지를 보여주는 구매·공급 단가, 공정간 시간, 리드 타임 등을 평가에 포함한다.

고객 관점에서 공급망을 평가하려면 고객 만족도 향상과 관련 있는 제품 품질, 서비스 수준, 납기 적시율 등을 평가에 포함한다.

재무 관점에서 공급망을 평가하려면 재무제표에서 확인할 수 있는 기업 수익, 현금 흐름, 총매출, 자산 회전율 등을 평가에 포함한다.

학습과 성장 관점에서 공급망을 평가하려면 파트너십 관리 능력, 제품 및 공정 개선 능력, 외부 환경 변화에 대한 대처 능력 등을 평가에 포함한다[17].

'공급망 관리 원칙: 균형잡힌 접근 방법(Principles of Supply Chain Management: A Balanced Approach)[18]' 이란 제목의 연구에서는 재무제표에 기초한 전통적인 비용 위주의 성과 평가로는 공급망을 올바르게 평가할 수 없다고 결론지었다. 다른 연구진도 같은 주장을 했다. 재무제표에 나타난 지표로는 서비스 수준이나 기업의 내부 역량, 예를 들어 고객이 원하는 방향으로 제품을 설계할 수 있는지 등 정성적 역량을 적절히 평가할 수 없다고 말한다.

세계적인 글로벌 기업은 일반적으로 품질, 비용, 고객서비스라는 세 가지 파트로 평기지표를 구성한다. 품질 파트에 속한 평가지표에는 불량품 숫자, 반품된 제품 숫자, 품질 인증을 받은 공급자 수, 결함 발견에서 수리까지 소요 시간 등이 있다. 비용 분야에 속한 대표적인 평가 지표는 평균 재고 수준, 평균 재고회전, 설비 셋업에 소요되는

16: Using the balanced scoredcard to measure supply chain performance, PC Brewer & TW Speh, Journal of Business logistics, 2000

17: Using the balanced scoredcard to measure supply chain performance, Brewer, P.C and Spec, T.W, Journal of Business Logistics, 2000

18: Principles of Supply Chain Management: A Balanced Approach, Joel D. Wisner, Keah-Choon Tan, G. Keong Leong, CENGAGE, 2012

시간, 기기 고장으로 발생한 작업 중단 시간, 긴급주문 빈도 등이 있다. 고객서비스 분야에 속한 평가 지표에는 생산유연성과 밀접한 연관이 있는 생산 랏(LOT) 사이즈[19], 특별주문 처리시간, 리드타임, 고객불만 대응시간, 재고 부족 발생 빈도, R&D 투자액, 자동화 프로세스 비중, 신제품 숫자 등이 있다. 이러한 평가 지표를 재무제표와 함께 사용할 때 공급망 관리를 효과적으로 평가할 수 있다.

한국표준협회에서는 공급망을 효과적으로 평가하기 위한 '공급망 품질 경영(Supply Chain Quality Management, SCQM) 평가 체계'를 개발했다. 여기에는 7대 프로세스와 세부 평가 지표가 포함된다. 7대 프로세스는 품질실현 프로세스, 인재육성 프로세스, 커뮤니케이션 프로세스, 지원 프로세스, 위기관리 프로세스, 평가 프로세스, 성과공유 프로세스다. 세부 평가 지표는 공급망 품질 경영을 위한 인프라 평가 지표, 7대 프로세스 관리 효율성을 평가하는 지표, 공급망 품질 관리를 통해 모기업과 협력 기업에 발생한 구체적 성과를 측정하는 지표로 구성했다. 공급망 품질 관리를 통해 발생한 구체적 성과를 측정하는 지표는 크게 두 부분으로 구성했다. 먼저 협력 기업들에서 발생한 성과를 측정하는 지표가 있다. 두 번째로 모기업이 7대 프로세스를 효율적으로 추진해 재무·기업운영 측면에서 성과가 얼마나 향상됐는지를 평가하는 지표가 있다. 모든 지표는 정성적·정량적 측면을 같이 고려해 평가된다.

우리는 전통적 공급망 평가와 관련한 다양한 자료를 기반으로 +F

전략을 평가하는 지표를 다음과 같이 제시한다. +F 전략 평가는 크게 세 부분으로 이루어진다[20].

먼저 **+F 전략 시스템 평가 지표**다. +F 전략이 성공적으로 기업에 정착되려면 관련 인프라를 구비해야 한다. +F 전략에 속한 주요 인프라에는 기업 문화, 인적 인프라, 조직 구조, IT 시스템이 있다. 표 3-3은 각각의 항목을 구체적으로 측정하는 세부평가지표다.

대분류	중분류	세부 분류 - 평가 지표
+F 시스템	1) 기업 문화	+F 전략에 대한 공감대를 형성했는가
		+F 기업문화 정립을 위해 노력했는가
	2) 인적 인프라	직원이 +F 전략을 이해했는가
		금융 전문인력을 보유했는가
	3) 조직 구조	+F 전략을 운영 관리할 전문조직을 보유했는가
		전문조직의 권한 및 책임은 어느 수준인가
	4) IT 시스템	+F 전략을 위한 IT 시스템을 보유했는가
		+F 전략을 위한 IT 시스템을 어느 수준으로 활용하는가

[표 3-3: +F 시스템 관련 세부평가지표]

평가를 위해 +F 전략을 네 개의 주요 프로세스로 세분했다.

첫 번째는 공급사슬금융 관리 프로세스다. 공급사슬금융 관리 프로세스에 대한 평가는 (1) 공급사슬금융 제공업체 선정 및 관리, (2)

19: 랏(LOT)이란 체계적 생산관리를 위한 단위이다. 생산이나 자재의 조달을 일정 수량 단위로 규정하는 것을 의미한다. 예를 들어 반도체 생산에서의 1랏이란 생산 공정에 한번에 투입되는 웨이퍼 수량을 의미한다. 일반적으로 25개의 웨이퍼가 한번에 투입되기 때문에 25개 웨이퍼를 1랏이라 부른다.
20: +F 전략 성과평가모델은 주로 공급망 품질경영 평가 모델을 참조했다. 두 모델의 기본적인 구성 원칙은 공급망 품질 경영에서와 같이 잘 구축된 시스템 혹은 인프라 스트럭쳐가 새로운 경영 전략(+F 전략 혹은 공급망 품질경영 전략)을 운영하기 위한 필수전제조건이 되고, 신 경영 전략의 원활한 운영을 통해 관련 성과를 향상한다는 것이다.

팩토링 및 역팩토링 프로세스에 대한 이해 및 실행, (3) 기타 펀딩·파이낸싱 활용 여부의 세 가지를 통해 수행된다.

두 번째는 리스크 관리 프로세스다. 리스크 관리 프로세스에 대한 평가는 (1) 운영 리스크 관리, (2) 평판 리스크 관리, (3) 환율 리스크 관리, (4) 전염 리스크 관리, (5) 규제 리스크 관리의 다섯 가지를 통해 수행된다.

세 번째 프로세스는 파트너 관리 프로세스다. 파트너 관리 프로세스에 대한 평가는 (1) 금융중개기관 관리, (2) 공급자 관리, (3) 구매자 관리의 세 가지를 통해 수행된다.

네 번째 프로세스는 운전자본 관리 프로세스이며 (1) 현금 관리, (2) 재고 관리의 두 가지를 통해 수행된다.

이같은 지표들은 +F 전략을 추진하면서 발생하는 이슈를 고려해 더욱 세분할 수 있다(표 3-4). 기업은 자사의 +F 전략이 어떠한 수준에서 운영되고 있는지를 파악해볼 수 있다.

+F 전략을 성공적으로 추진하면 직·간접적으로 기업 성과가 향상

대분류	중분류	세부 분류 - 평가 지표
공급사슬금융(SCF) 관리 프로세스	1) 공급사슬금융 제공업체 선정 및 관리	공급사슬금융 제공업체를 선정하는 최신 기준을 보유하고 실행하는가
		공급사슬금융 제공업체와 파트너쉽을 구축하고자 노력하는가
	2) 팩토링 및 역패토링 프로세스에 대한 이해 및 실행	매출채권 및 매입채권 보유 수준을 관리하는가
		팩토링 및 역패토링 프로세스를 이해하는가
		팩토링 및 역패토링 프로세스를 적극적으로 실행하는가

공급사슬금융(SCF) 관리 프로세스	3) 기타 펀딩/파이 낸싱 활용 여부	금융권 대출, 역팩토링/팩토링 외에도 기업이 이용할 수 있는 펀딩 및 파이낸싱 방식을 활용 할 수 있는가
리스크 관리 프로세스	1) 운영 리스크 관리	운영 리스크 관리지표(Key Risk Indicator, KRI)를 보유하고 있는가
		운영 리스크에 대응하는 기업 전략 매뉴얼을 보유했는가
		운영 리스크를 사후 관리(지속적인 모니터링) 하는가
	2) 평판 리스크 관리	평판 리스크 관리지표(Key Risk Indicator)를 보유했는가
		기업의 신용등급을 관리하는가
		평판 리스크에 대응하는 기업 전략 매뉴얼을 보유했는가
		평판 리스크를 사후 관리하는가
	3) 환율 리스크 관리	환율 리스크 관리지표(Key Risk Indicator)를 보유했는가
		금융 상품 거래를 통해 헤지 전략을 실행하는 가
		환율 리스크를한 사후 관리하는가
	4) 전염 리스크 관리	전염 리스크 관리지표(Key Risk Indicator)를 보유했는가
		전염 리스크에 대응하는 기업 전략 매뉴얼을 보유했는가
		전염 리스크를 사후 관리하는가
	5) 규제 리스크 관리	국내 규제 리스크 관리지표(Key Risk Indicator)를 보유했는가
		(필요시) 해외 규제 리스크 관리지표(Key Risk Indicator)를 보유했는가
		규제 리스크에 대응하는 기업 전략 매뉴얼을 보유했는가
		규제 리스크를 사후 관리하는가

파트너 관리 프로세스	1) 금융 중개기관 관리	금융중개기관 선정을 선정하기 위한 최신 기준을 보유하고 실행하는가
		금융중개기관 선정에 재무 정보(신용 등급, 재무 건전성 등)를 어느 수준으로 반영하는가
		지속적 파트너쉽을 구축하려고 노력하는가
	2) 공급자 관리	공급자를 선정하는 최신 기준을 보유하고 실행하는가
		공급자 선정에 재무 정보(신용 등급, 재무 건전성 등)를 어느 수준으로 반영하는가
		지속적 파트너쉽을 구축하려 노력하는가
	3) 구매자 관리	(필요시) 구매자 선정에 필요한 최신 기준을 보유하고 실행하는가
		(필요시) 구매자 선정에 재무 정보(신용 등급, 재무 건전성 등)를 어느 수준으로 반영하는가
		구매자 관계를 관리하려고 노력하는가
운전자본 관리 프로세스	1) 현금 관리	현금 보유량를 평가할 수 있는가
		적정 현금보유량 설정했는가
		현금 흐름을 개선하는 관리 방안을 수립했는가
	2) 재고 관리	재고조사를 실시했는가
		적정 재고 수준을 설정했는가
		재고비용을 관리하는가

[표 3-4: +F 전략 프로세스 평가 지표]

된다. +F 전략을 성공적으로 운영해서 발생하는 효과는 운영관리 관점과 재무 관점에서 측정할 수 있다. 기업은 두 가지 관점에서 기업의 현 수준과 향상 정도를 파악해 +F 전략이 기업에 미친 효과를 평가한다.

제시된 세부평가지표를 계량화하려면 보다 구체적인 평가 기준이

대분류	중분류	세부 분류 - 평가 지표
+F 전략 운영 효과	1) +F 전략 운영 효과 - 운영관리 관점	운영관리 관점에서 공급사슬금융 관리 프로세스의 현수준과 향상 정도를 측정한다
		운영관리 관점에서 리스크 관리 프로세스의 현수준과 향상 정도를 측정한다
		운영관리 관점에서 파트너 관리 프로세스의 현수준과 향상 정도를 측정한다
		운영관리 관점에서 운전자본 관리 프로세스의 현수준과 향상 정도를 측정한다
	2) +F 전략 운영 효과 - 재무적 관점	재무적 관점에서 공급사슬금융 관리 프로세스의 현수준과 향상 정도를 측정한다
		재무적 관점에서 리스크 관리 프로세스의 현수준과 향상 정도를 측정한다
		재무적 관점에서 파트너 관리 프로세스의 현수준과 향상 정도를 측정한다
		재무적 관점에서 운전자본 관리 프로세스의 현수준과 향상 정도를 측정한다

[표 3-5: +F 전략 운영 효과 세부평가지표]

필요하다. 예를 들어 '운영관리 관점에서 공급사슬금융 관리 프로세스의 현수준과 향상 정도를 측정한다'를 계량적으로 평가하려면 '매출 채권 회전율'이나 '매출 채권 회전일수'를 살펴봐야 한다. 만약 '운영관리 관점에서 리스크 관리 프로세스의 현수준과 향상 정도를 측정한다'를 계량적으로 평가하고 싶다면, 핵심 리스크 관리지표(key risk indicator)를 살펴봐야 한다. 이 책에서는 금융공급망 세부지표를 구체적으로 계량화하는 기준은 제시하지 않는다. 이같은 계량적 측정 기준은 기업의 특성과 산업의 고유한 속성을 고려해 기업이 개별적으로 고민하길 바란다.

+F 전략 성과평가지표는 +F 전략이나 금융공급망을 얼마나 도입하고 활용했는지에 상관없이 모든 기업에 적용할 수 있다. +F 전략을 추진해온 기업이라면 현재까지 전개된 +F 전략의 효용성과 관리수준을 평가하는 데 활용할 수 있다. 화사 그룹처럼 +F 전략에 새롭게 관심을 보이는 기업이라면 +F 전략을 도입하는 데 따른 기대 효과를 평가하는 지표로 활용할 수 있다. 만약 +F 전략이 생소한 기업이라면 현재 금융공급망에 관련한 기초 인프라를 어느 정도 갖추었는지를 평가하는 데 활용할 수 있다.

+F 전략 평가 지표를 기존 공급망 평가 지표와 함께 사용하면 더욱 효과적이다. 기업이 순수한 +F 전략 운영 효과만을 측정하고 싶다면 +F 전략의 4대 프로세스 및 주요 이슈에 대한 지표를 가지고 평가할 수 있다. 하지만 +F 전략을 도입하면 기존 공급망 운영 방식은 크게 변화한다. 기존 공급망 운영 성과에도 큰 변화가 있을 것이다. +F 전략 성과를 정확히 측정하고 싶다면, 기존에 사용하던 공급망 평가 지표와 +F 전략 운영을 평가하는 지표를 함께 사용해야 한다.

평가 지표는 +F 전략을 지속적으로 관리하기 위해서도 유용하다. +F 전략을 성공적으로 도입했다 하더라도 효과적으로 사용되고 있는지는 지속적으로 평가해야 한다. 변화하는 기업 목표와 평가 목표가 일치하도록 지표를 업데이트하고 목표를 재산정할 필요가 있다. 지표 목표를 설정할 때는 기업의 과거 실적과 경쟁사의 목표를 고려해 적절한 수준을 산정한다. 일단 목표치가 설정되면 정기적으로 +F

전략을 운영한 결과를 평가하고, 목표 달성 여부를 객관적으로 판단한다. 사전에 평가 결과물을 어떻게 활용활지 지침을 명확하게 마련해 두는 것도 +F 전략의 효과를 높이는 데 큰 도움이 될 것이다.

이제 화사 그룹은 +F 전략을 유용하게 활용할 기반을 모두 갖추었다. +F 전략을 운영해 나가면서 적절히 평가하고, 그 결과물을 가지고 수정해 나아가면 예상되는 모든 리스크를 화이트 리스크로 바꿔 나갈 수 있을 것이다.

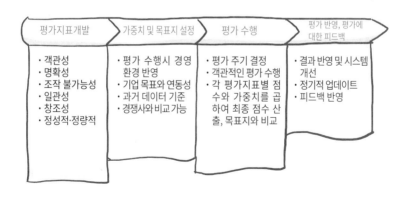

[그림 3-7: +F 전략 평가 수행 프로세스]

3부: +F 전략의 완성

에필로그 뉴노말(New Normal), 새로운 비전을 제시하다

지금까지 화사 그룹을 모델로 삼아 +F 전략의 개념과 구체적 실행 방안을 살펴보았다. +F 전략은 새로운 기업 운영 패러다임으로서 기업에 여러 이득을 가져다줄 것이다. 하지만 기업이 신 전략을 도입하고 이를 위한 인프라를 구비하는 것은 결코 쉬운 일이 아니다. 방대한 시간과 노력, 무엇보다도 많은 금전적 투자가 필요하기 때문이다.

+F 전략이 기업운영관리의 새로운 패러다임을 제시하지만, 사실 어떠한 전략이 기업 운영에 최선인가에 대한 정답은 없다. 기업이 속해 있는 시장이나 경쟁 상황, 비즈니스 프로세스에 따라 가장 효과적인 운영 전략이나 가장 효율적인 공급망은 다르다. 각 기업에 적합한 운영 전략을 설계하려면 기업의 수익과 비용 구조를 분석해봐야 한

다. 이같은 분석을 통해 기업 경쟁력에 영향을 미치는 핵심 요인을 파악하고 가장 적합한 형태의 공급망과 운영 전략이 어떤 것인지 살펴본다. 기업은 자신의 공급망을 파악하고 +F 전략 도입이 시급한지, +F 전략 도입이 어떠한 이득을 가져올지를 충분히 살펴본 후 채택 여부를 결정해야 한다.

신중함과 **인내심**은 어떤 사안을 결정할 때 반드시 필요한 덕목이다. 신중하게 기회를 파악하고 자신의 결정이 미칠 영향을 깊게 분석해봐야 한다. 아직 기회가 아니라고 판단되면 기회가 올 때까지 꾸준히 인내할 줄 알아야 한다. 신중함과 인내심의 중요성은 두말할 필요도 없지만 정말 갖추기 힘든 덕목이다. 하지만 진짜 어려움은 신중함을 뛰어넘는 **과감함**이다. 과감하게 결정을 내리고 행동해야 할 타이밍을 판단하는 것, 어찌보면 이것이 경영의 모든 성패를 좌우하는 가장 중요한 것인지도 모르겠다. 신중함과 인내심에서 언제 과감함으로 변화할지 결정하는 것, 혹자들이 경영자의 감이라고 표현하기도 하는 이것이 기업의 미래를 결정한다.

한국어에는 신중함과 인내심의 중요성을 드러내는 속담이 많다. '돌다리도 두들겨 보고 건너라', '기다리는 자에게 복이 있다.', '아는 길도 물어가라' 등이 그것이다. 하지만 지나치게 신중한 태도의 역효과를 경고하는 속담도 상당수 있다. 대표적으로 '장고 끝에 악수 낸다'가 있다. 원래 바둑에서 유래한 이 표현은 너무 깊이, 신중하게 생각한 행동이 전체 국면을 판단하지 못하게 할 수 있다고 경고한다. 오랜 생각 끝에 선택한 결정이 역설적으로 효율성을 저해할 수 있다는 것이다. 신중함과 과감함의 밸런스를 유지하는 것이 무척 중요하다는 메세지다.

기업의 미래를 좌우할 운영 전략의 방향을 결정하는 일이다. 아무리 신중해도 부족함은 없을 것이다. 하지만 너무 신중한 나머지 행동으로 옮길 타이밍을 놓친다면 그만큼 아쉬운 일도 없을 것이다. 돌다리를 두들겨 보기만 하다가 건널 타이밍을 놓쳐버리는 꼴이다. +F 전략처럼 새로운 경영 패러다임이 대두됐을 때 신중하게 그 효과와 실현 가능성을 분석하는 태도는 무척 중요하다. 필요하다고 판단되면 신중함을 넘어 과감하게 행동을 취해야 한다. 즉, +F 전략을 적극적으로 수용할 의사를 가지고, 기업에서 전개할 수 있을지 여부를 치열하게 타진해야 한다.

어떤 이들은 +F 전략을 금융과 공급망의 단순 결합에서 탄생한 학술 용어 정도로 치부하고 지속적으로 영향력을 끼치기 어려울 것이라 생각한다. 과거 수많은 경영 용어가 나왔을 때 그랬듯이, +F 전략에 대한 관심이 새로운 개념을 쫓는 일시적인 유행이라고 판단하고 이의 도입할 필요는 없다고 생각할지도 모르겠다. 하지만 우리는 금융공급망에 대한 기업의 관심은 필수일 수밖에 없으며, +F 전략을 연구하고 활용하는 사례는 빠르게 증가할 것이라고 감히 단언한다.

우리가 +F 전략의 시대가 올 것이라고 감히 단언하는 데는 이유가 있다. 먼저 기업 활동이 점차 글로벌화 되고 있다. 더이상 공급망 관리는 하나의 국가에서 이루어지는 활동이 아니다. 기업은 타국으로부터의 원자재와 부품을 수입하고 해외 공장을 지으며 타국 소비자에게 판매하는 등 글로벌 공급망 활동을 늘려가고 있다(그림 4-1). 중동에서 수입한 원유와 러시아에서 수입한 원자재를 이용해 중국에 있는 공장에서 제품을 생산한다. 완제품은 여러 국가에 설립한 법인을 통해 최종 소비자에게 판매된다. 다양한 국가에서 공급망 활동이 이루어지므로 기업은 환율 변화와 각국의 은행 이자율 변화라는 금융 리스크에 노출되고 있다. 글로벌 공급망을 구축한 기업은 필연적으로 금융 분야를 이해하고 리스크를 줄이는 공급망 전략을 필요로 하게 될 것이다.

+F 전략의 시대가 올 것이라 예측하는 두 번째 근거는 디지털 혁신(digital transformation)이다. 오늘날의 IT 기술은 다양한 국가의 공급망 참여자를 실시간으로 연결하고 방대한 양의 데이터를 처리

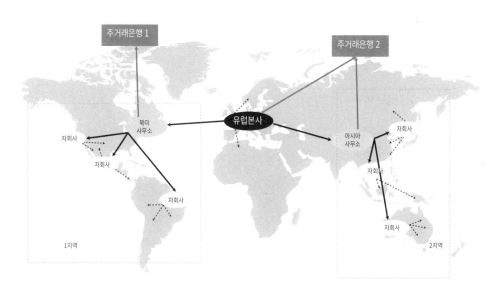

[그림 4-1: 글로벌 기업 비즈니스 (출처: SAP 웹사이트)]

할 수 있게 해주었다. 과거에는 파악하기 불가능하던 방대한 데이터에 기초해 글로벌 공급망을 최적화하고 다양한 소비자를 실시간으로 분석할 수 있게 됐다. 경영자는 기업 운영에서 발생하는 모든 데이터를 고려해 하나의 의사결정 프레임워크를 구성할 수 있게 됐다. 과거에는 따로따로 진행하던 금융, 재무, 공급망 관리, 생산 관리 업무를 하나의 통합된 프레임워크로 관리할 수 있다. 또한 IT 기술이 발전하면서 몇몇 투자자만 접근이 가능하던 기업 운영·재무 관련 정보가 오픈됐다. 즉, 기업에 투자하기 쉬워졌다. 기업은 보다 다채로운 경로로 펀딩을 유치할 수 있게 됐다.

+F 전략의 시대가 올 것이란 마지막 근거는 최고재무책임자(Chief Finance Officer)의 역할이 늘어났다는 것이다. 기업이 금융의 중요성을 깨닫고 금융 관련 활동에 더 많이 투자할 것이라는 신호로 받아들일 수 있다. 과거에도 최고재무책임자의 역할은 막대했지만 기업의 성장에 필요한 전략을 수립하기보다 내실을 다지는 자금 운영 측면에서의 역할이 강조됐다. 하지만 오늘날의 최고재무책임자는 최고경영책임자(Chief Executive Officer) 다음 가는 위치에서 미래 성장에 필요한 투자 유치와 기업의 금융 역량 강화에 노력을 기울이고 있다.

이처럼 +F 전략이 기업을 운영하는 차세대 핵심 패러다임이 될 것이라는 근거는 여럿 찾을 수 있다. 그렇다면 몇 가지 의문점이 생긴다. 글로벌 공급망 구축, 디지털 혁신, 최고재무책임자의 역할 강화는 사실 그다지 새로운 뉴스가 아니다. 많은 사람들이 이미 인지하고 있고 다양한 매체가 꾸준히 언급하는 경영 환경 변화 트렌드다. 그런

앤소니 노토, 트위터 CFO   루스 포랏, 구글 CFO   루카 마에스트리, 애플 CFO
2014년 보수 7280만 달러   2016년 보수 7000만 달러   2014년 보수 1400만 달러

[그림 4-2: 유명 CFO는 얼마나 벌까?]

데 +F 전략이 필요하다는 트렌드가 강하게 대두됐는데도 왜 +F 전략은 기업에 널리 알려지지 않았을까?

그림 4-3은 유명 컨설팅 회사인 딜로이트가 금융공급망에 대한 여론을 조사한 결과다. 이 조사에 따르면 대부분의 기업이 금융공급망을 인지하지 못하고 있다. 응답자들은 대부분 금융공급망의 중요성이나 효과에 대해 들어보지 못했다고 대답했으며, 심지어 상당수는 금융공급망이라는 개념조차 들어본 적이 없다고 대답했다[1].

좀더 자세히 살펴보도록 하자. 설문 대상자 중 오직 14%만이 금융공급망 구축에 관심을 가지고 있다고 대답했다. 관심이 적은 이유를 묻자 31%의 응답자가 투자 효과가 불분명하다고 대답했고, 또다른 31%는 필요성을 느끼지 못한다고 대답했다. 28%는 기존 시스템이 금융공급망이라는 새로운 개념을 도입하기에 충분히 성숙되지 않았다고 대답했고, 19%는 금융공급망이라는 개념이 너무 복잡하기

1. Financial Supply Chain Management, Deloitte, 2013

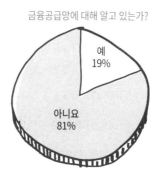

금융공급망에 대해 알고 있는가?

예
19%

아니요
81%

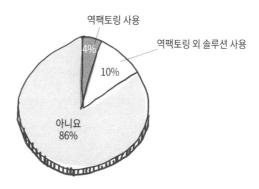

기업이 금융공급망을 관리하는가?

역팩토링 사용
4%

역팩토링 외 솔루션 사용
10%

아니요
86%

[그림 4-3: 금융공급망에 대한 설문 결과 (출처: 딜로이트 보고서)]

때문이라고 대답했다.

딜로이트가 수행한 설문 조사는 다음과 같은 깨달음을 준다. +F 전략 도입이 늦어지는 가장 큰 이유는 도입 효과에 대한 검증이 미미하고, 따라서 소개가 거의 이루어지지 않았기 때문이다. 지금껏 기업이 +F 전략의 효용성을 확신하게 만드는 객관적 근거는 무척 부족하다. 검증되지 않은 기업 운영 전략에 기업이 관심을 가질 이유가 없다. 아직 국내 기업을 대상으로 금융공급망의 효과와 필요성을 설문한 적은 없지만 마찬가지 이유로 국내에서 +F 전략 도입이 지연되고 있다고 판단된다. 만약 +F 전략의 효과를 객관적으로 충분히 검증한다면 많은 기업이 +F 전략의 도입을 진지하게 고려할 것이라고 생각한다. +F 전략에 대한 기업의 니즈가 충분히 형성된다면 +F 전략을 효과적으로 구축하고 실행하기 위한 IT 솔루션 개발도 빨라질 것이다. 효율적인 IT 솔루션은 다시 +F 전략의 성공을 위한 주요 밑거름이 될 것이다. 결국 기업에 +F 전략이라는 신 운영전략 패러다임을 받아들이게 하려면 먼저 +F 전략을 객관적으로 검증해 폭넓은 관심을 먼저 불러일으켜야 함을 알 수 있다.

몇 차례 언급했듯이 학계에서 +F 전략을 연구한 사례는 거의 없다. 학계의 연구가 현장에서의 사용을 야기하는지, 아니면 현장에서의 필요성이 학계의 연구를 유발하는지는 불분명하다. 하지만 최소한 +F 전략이 필요하다는 현장의 제기가 있는데도 불구하고 학계의 연구가 뒤쳐지는 듯 보인다. 학계의 연구가 더디기 때문에 +F 전략을 도입했을 때의 효과를 별로 검증하지 못했고, 대부분의 기업은 +F 전략을 접해볼 기회조차 만나지 못했다.

2008년 금융 위기 이후 금융업에서는 뉴노멀(new normal)이라는 말을 많이 사용한다. 금융 위기 이후의 새로운 세계 경제 질서를 표현하는 이 용어는, 과거에는 비정상이던 행위가 이제는 일반화된 현상을 지칭한다. 오랜 시간이 지나면서 뉴노멀은 "시대 변화에 따라 새롭게 떠오르는 신 표준"을 뜻하게 됐다. 최근에는 IT기술의 발달에 따른 금융업 혁신과 핀테크를 뉴노멀의 하나로 받아들이고 있다.

우리는 +F 전략이 기업 운영의 뉴노멀로 받아들여질 것이라 예상한다. 어떤 현상이 뉴노멀로 받아들여지는 순간 관련 산업은 폭발적으로 발전한다. 보다 많은 기업이 +F 전략에 관심을 보일 것이며, 관련 서비스를 제공하는 기업 수는 매우 빠르게 증가할 것이다. 학계의 연구도 활발히 진행돼 깊이 있는 이론 체계를 수립할 것이다.

최적의 운영 전략을 선택하는 일은 기업의 미래에 경쟁력이 있는지 결정짓는 아주 중요한 과정이다. 우리는 공급망 관리의 시대에 살고 있다. 현재 가장 보편적인 공급망 관리 패러다임은 제품의 물리적인 흐름과 정보 흐름에 기초하고 있다. 변화하는 기업 운영 환경에 맞춰 기업 경쟁력을 강화하고 싶다면 여기 +F 전략이라는 뉴 운영전략 패러다임이 있다. 화사 그룹의 문제는 비단 한 회사만의 문제가 아니다. 오늘을 경쟁하는 수많은 기업이 진지하게 고민하고 있는 문제다. 물론 +F 전략이 화사 그룹에 맞는 최적의 솔루션라고는 100% 보장할 수 없다. 하지만 기억하자. 새로운 패러다임을 진지하게 고민하고 충분한 정보가 축적됐다면 과감한 행동이 필요하다는 것을! 기다리는 자에게 더이상 복은 없을지도 모른다.